책세상문고·고전의 세계

개인숭배와
그 결과들에 대하여
O KUL'TE LICHNOSTI I EGO POSLEDSTVIIAKH

책세상문고·고전의 세계

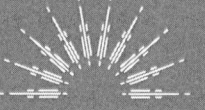

개인숭배와
그 결과들에 대하여
O KUL'TE LICHNOSTI I EGO POSLEDSTVIIAKH

니키타 세르게예비치 흐루시초프 지음

·

박상철 옮김

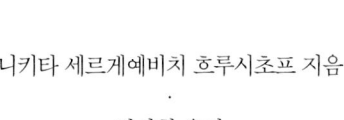

일러두기

1. 이 책은 1956년 2월에 개최된 제20차 소련 공산당 전당대회, 보다 구체적으로는 1956년 2월 25일 오전에 열린 비공개회의에서 흐루시초프Nikita Sergeyevich Khrushchev가 발표했던 연설문 〈개인숭배와 그 결과들에 대하여O культе личности и его последствиях(O kul'te lichnosti i ego posledstviiakh)〉를 옮긴 것이다. 이 연설문을 번역하면서 〈소련 공산당 중앙위원회 소식지Известия ЦК КПСС(Izvestiia TsK KPSS)〉, 1989년 3호에 실린 러시아어판 연설문과 탤벗Strobe Talbott이 번역한 《흐루시초프 회고록Khrushchev Remembers》(Boston: Little Brown & Com-pany, 1970)에 실린 영어 번역본, 그리고 인터넷상의 여러 영어 번역본을 참조했다.
2. 이 책의 주는 모두 옮긴이주다. 주에서 인물을 소개할 경우에는 이름에 각각 러시아어와 영어를 병기했으며, 러시아인이 아닌 경우에는 영어만 밝혔다.
3. 원문의 이탤릭체와 굵은 글씨체는 원문을 따르되, 굵은 글씨체는 고딕체로 표시했다. 단 회의장의 분위기를 전달하는 괄호 안의 이탤릭체는 따르지 않았다.
4. 맞춤법과 외래어 표기는 1989년 3월 1일부터 시행된 〈한글 맞춤법 규정〉에 따랐다. 단 이미 굳어진 외래어의 경우에는 관례에 따랐다. 흐루쇼프→흐루시초프, 크레믈кремль→크렘린. 그리고 러시아어 표기의 경우 가능한 한 원어의 발음에 가깝게 표기했다. 그러나 к(k), т(t), п(p) 등의 발음은 경음이 아니라 격음으로 표시했고, 강세 위치에 따른 모음의 발음 변화, 구개음화 등은 반영하지 않았다.

개인숭배와 그 결과들에 대하여 | 차례

들어가는 말 6

개인숭배와 그 결과들에 대하여 13

해제─소련 사회주의 체제 최초의 균열, 흐루시초프의 비밀 연설 125
    1. 흐루시초프의 생애와 사상 127
        (1) 청년 흐루시초프, 정치에 뛰어들다 127
        (2) 우크라이나에서의 갈등 130
        (3) 스탈린 사후의 권력 투쟁 132
        (4) 위기와 실각 137
    2. 스탈린 격하 연설 혹은 비밀 연설 142
        (1) 비밀 연설의 시대적 배경 145
        (2) 비밀 연설의 준비 과정 151
        (3) 비밀 연설의 한계와 파장 156

주 162
더 읽어야 할 자료들 188
옮긴이에 대하여 192

들어가는 말

　지금으로부터 반세기 전인 1956년 2월 25일 크렘린 궁전에서 열린 소련 공산당 제20차 전당대회에서 흐루시초프 N. S. Khrushchev는 '개인숭배와 그 결과들에 대하여O культе личности и его последствиях(O kul'te lichnosti i ego posledstviiakh)'라는 제목이 붙은 유명한 보고 연설을 했다. 우리나라에는 흔히 '비밀 연설' 또는 '스탈린 격하 연설'이라는 이름으로 알려진 이 연설은 당시 소련의 최고 지도자가 바로 얼마 전에 죽은 전임 지도자인 스탈린Joseph Stalin의 정치적 탄압 행위들을 구체적인 문서, 숫자, 희생자들의 이름까지 제시하면서 인정하고 비판했다는 점에서 소련 체제의 변화 시도를 상징적으로 보여주었다. 하지만 흐루시초프는 스탈린 체제, 즉 소련 사회주의 체제를 전면적으로 비판, 부정했던 것이 아니라 스탈린 체제의 극단적인 병폐를 제거함으로써 소련 사회주의 체제를 강화하려 했다. 사실 당시 소련은 2차대전의 엄청난 피해를 단기간에 복구했고, 원자 폭탄(1949)과 수

소 폭탄(1953)을 개발하는 등 미국의 앞선 과학기술을 따라잡거나 최초의 인공위성인 스푸트니크(1957)를 발사하는 등 미국을 앞서가는 모습을 보여주었다. 이런 점을 고려한다면 흐루시초프의 스탈린 비판은 현존 사회주의 체제에 대한 비판이라기보다는 오히려 사회주의 체제의 우월성에 대한 자신감의 표현이었다고 볼 수 있다.

그럼에도 흐루시초프의 비밀 연설은 소련 국민들이 오랫동안 찬양해왔던 스탈린을 비판했다는 점에서 소련 사회에 커다란 파장을 불러일으켰고, 소련 사회 내에서 스탈린에 대한 역사적 평가를 양분시킨 결정적인 계기가 되었다. 따라서 흐루시초프와 그의 시대는 '해빙(解氷)'이라는 용어가 상징하듯 다른 무엇보다도 스탈린 체제에 대한 비판과 관련하여 평가받았다. 또한 흐루시초프도 자신이 스탈린의 개인숭배를 비판했고 그 결과 자신의 재임 기간에 소련 사회에서 정치적 숙청이 사라졌다는 점을 자신의 가장 중요한 업적으로 생각했으며, 자신의 퇴임, 즉 무력이 아니라 중앙위원회 간부회의 표결에 의해 최고 권력자인 자신이 물러났다는 사실이 자신의 이런 업적을 상징적으로 보여준다고 생각했다.

흐루시초프가 실각한 후 소련에서 스탈린과 스탈린 체제에 대한 평가는 각자의 정치적 입장에 따라 상반되었고, "스탈린주의에 대한 태도는 사람들을 서로 대립하는 진영으로 갈라놓는 정치적 바리케이드가 되었다".[1] 스탈린에 우호적인 사람들은 "도끼질을 할 때는 나무 파편이 튈 수밖에 없다"는 러시아 속담처럼, 러시아의 발전을 위해 스탈린과 그의 정책들이 필요했고 그에 따른 희생은 불가피했다고 주장한다. 반면에 스탈린에 비판적인 사람들은 강제적인 농업 집단화 정책이 이익보다는 해악을 더 많이 가져왔고, 대규모 탄압은 범죄 행위였을 뿐 아니라 소련 체제에 부정적인 영향을 미쳤다고 주장한다. 이들은 스탈린의 정책과는 다른 방식의 산업화 정책이 가능했을 것이며, 만약 스탈린의 범죄가 없었다면 국제 사회에서 소련의 위신은 훨씬 더 높아졌을 것이라고 생각한다. 그런데 스탈린 문제는 소련 사회주의 체제와 밀접하게 연관되어 있었기 때문에 끊임없이 제기될 수밖에 없었고, 언제 어디서나 격렬한 논쟁의 대상이 되었다. 이는 1980년대 초 스탈린의 사망일인 3월 5일이 되면 많은 소련 사람들이 한편에서는 '조국을 강력하게 만든 우리의 위대한 지도자'를 기억하기 위해, 다른 한편에서는 '우리 역사에 존재했던 최대의 범죄자'의 사망을 축하하기 위해 건배했다는 사실에서 잘 드러난다.

그런데 흐루시초프 실각 이후 소련 정부는 공식적 차원에서 스탈린의 '업적'을 찬양하면서 점차 그의 정치적 범죄 행위에 대한 언급을 회피함으로써 사실상 스탈린의 명예를 회복시켜주었다. 반면에 스탈린을 비판했던 흐루시초프의 이름은 마치 존재하지도 않고 존재했던 적도 없는 것처럼 언론

매체에서 사라져버렸다. 흐루시초프와 그의 시대를 가리킬 때는 객관적 현실을 고려하지 않고 즉흥적으로 국가 정책을 결정하고 추진했다는 의미에서 '자발주의'와 '주관주의'라는 부정적인 용어가 사용되었다.

1980년대 중엽 페레스트로이카(재편)가 시작되면서 스탈린 시대의 부정적 측면이 다시 논쟁의 전면에 떠올랐고, 오랫동안 침묵 속에 묻혀 있던 흐루시초프의 이름이 거론되기 시작했다. 사실 페레스트로이카를 주도했던 세력은 1953년부터 1964년에 걸친 흐루시초프의 해빙기를 경험했던 이른바 '흐루시초프 세대'였다. 이들은 주로 1925년부터 1935년 사이에 태어났는데, 새로운 사상에 예민하던 청년기에 흐루시초프의 스탈린 격하 운동을 경험함으로써 스탈린 및 스탈린 체제에 대해 신뢰를 잃었고, 그 대신에 문화적 자유, 경제 분야에서의 유연성, 사회 정의, 개인에 대한 신뢰 등을 받아들인 세대였다. 이들은 스탈린주의적 병폐를 극복하기 위해 페레스트로이카를 추진했으며, 그 과정에서 레닌주의로의 복귀를 강조하면서 스탈린과 그의 시대를 근본적으로 재평가할 것을 촉구했다. 이에 맞서 보수파들은 스탈린의 '위대한 업적들'을 강조함으로써 스탈린주의에 대한 재해석을 비판하고 정통적 해석을 옹호했다. 그 결과 소련 역사의 재해석 문제는 이들 양측이 충돌한 이데올로기 투쟁의 중요한 쟁점이 되었고, 특히 스탈린주의를 둘러싼 논쟁은 매우 격렬한 형태로 전개되었다.

이런 상황에서 흐루시초프의 비밀 연설문이 발간되는 등 스탈린 체제를 청산하려 시도했던 흐루시초프와 그의 시대에 대한 재평가 작업이 시작되었다. 그런데 페레스트로이카 시대에도 흐루시초프의 비밀 연설은 스탈린주의에 대한 입장에 따라 상반된 평가를 받았다. 예컨대 공산당 정통주의자들은 흐루시초프의 비밀 연설을 1991년 8월 소련 공산당의 붕괴, 나아가 소련 체제의 해체로 가는 첫 걸음으로 평가한다. 반면에 페레스트로이카 시대의 공산당 개혁가들은 그것을 당 개혁과 사회 민주화로 가는 중요한 계기이자 첫 페레스트로이카로 보았다. 이들은 당 개혁과 사회 민주화를 위한 중요한 기회였던 '1950년대의 페레스트로이카'는 당 지도부에 있던 보수 세력들의 반발로 실패했다고 주장한다. 한편 일부에서는 흐루시초프의 연설에 내재된 이상주의의 모순을 강조한다. 이들에 따르면 당시 공산당 지도층은 사회 개혁을 추구했던 것이 아니라 공산당의 권위를 회복하기 위해 스탈린 체제의 극단적인 형태를 제거하려 했던 것으로, '민주주의와 독재'라는 상반된 원칙을 결합하려 했기 때문에 실패했다는 것이다.

이렇듯 스탈린에 대한 평가와 함께 흐루시초프의 비밀 연설에 대한 평가는 시대와 상황에 따라 서로 달랐다. 하지만 흐루시초프의 비밀 연설이 스탈린주의의 역사에서, 나아가 소련의 역사에서 중요한 전환점이었다는 사실은 부정하기 어렵다. 사실 흐루시초프의 비밀 연설은 스탈린의 후계자들이 자신들의 출세 기반이자 두려움의 대상이었던 스탈린 체제를 청산하려고 시도한 '위로부터의 청산'이자 스탈린이 초석을 놓은 소련 사회주의 체제를 유지·강화하기 위해 감행한 '체제 내의 청산'이었다. 따라서 그것은 태생적으로 한계를 지닐 수밖에 없었지만, 역으로 당시 소련의 최고 권력자가 스탈린의 유산을 비판했다는 점에서 스탈린주의 청산의 역사에서 중요한 의미를 갖게 되었다. 이처럼 흐루시초프의 비밀 연설은 소련 사회주의 체제의 변화 가능성과 한계를 함께 보여줌으로써 소련 사회주의 체제의 이상주의와 경직성, 그리고 잘못된 과거의 올바른 청산 방법에 대해 많은 것을 생각하게 해준다.

또한 이 연설은 우리나라의 과거사 청산 문제에 적지 않은 시사점을 던져줄 것이다. 지금까지 우리나라는 일제 식민지 시대뿐 아니라, 한국전쟁과 군사독재 등 국가 건설과 근대화 과정에서 국가권력이 '반공'이라는 국가 이데올로기 아래 자행한 수많은 학살과 정치적 탄압을 경험했으며, 미래에는 북한의 공산체제 청산과 통일 후 국민통합 문제를 큰 고통 없이 처리해야 한다. 이와 관련하여 흐루시초프의 비밀 연설은 국가 건설과 관련된 국가폭력 문제의 본질을 이해하는 데에 도움을 줄 뿐 아니라, 우리가 직면한 중첩된 과거 청산 문제를 깊이 있게 파악하고 지혜롭게 해결하는 데 좋은 반면교사가 될 수 있을 것이다.

개인숭배와
그 결과들에 대하여[2]

소련 공산당[3] 제20차 전당대회에서 발표된 소련 공산당 중앙위원회 제1서기 흐루시초프[4] 동지의 보고 연설문.(1956년 2월 25일)

동지들! 당 중앙위원회의 제20차 전당대회 보고문에서, 전당대회 대의원들의 몇몇 연설에서, 그리고 그 이전에는 소련 공산당 중앙위원회 전체회의에서 개인숭배와 그것의 해로운 결과들에 대해 적지 않게 이야기했습니다.

스탈린 사망 이후에 당 중앙위원회는 마르크스-레닌주의 정신에 어긋나는 특정 개인에 대한 과대평가를, 즉 특정 개인을 신처럼 초자연적 성질을 지닌 초인간적 존재로 만들도록 허용하지 않을 것임을 명확히 하는 노선을 엄격하고 일관성 있게 추진하기 시작했습니다. 그런 사람은 마치 모든 것을 알고, 모든 것을 예견하며, 모든 사람을 배려하고, 모든 일을 할 수 있으며, 그의 모든 행위는 완전무결하다는 것입니다.

개인에 대한, 구체적으로 말하자면 스탈린에 대한 그러한 개념은 우리나라에서 오랫동안 조장돼왔습니다.

이 보고 연설에서 스탈린의 삶과 활동을 모든 측면에서 평가하려는 것은 아닙니다. 이미 스탈린 생전에 그의 업적을 다룬 충분히 많은 양의 책, 소책자, 연구서가 발간되었습니다. 사회주의 혁명의 준비와 수행에서, 내전에서, 그리고 우리나라에 사회주의를 건설하기 위한 투쟁에서 스탈린이 했던 역할은 널리 알려져 있습니다. 그것은 모두 잘 알고 있습니다. 지금 하려는 이야기는 당의 현재 및 미래에 엄청나게 중요한 영향을 미치는 문제에 관한 것입니다. 다시 말해서 스탈린에 대한 개인숭배, 즉 특정 단계에서 당의 기본 원칙들, 당내 민주주의, 혁명적 준법성 등에 매우 중대하고도 심각한 왜곡을 가져온 개인숭배가 어떻게 단계적으로 형성되었는가에 관한 것입니다.

모두들 개인숭배가 실제로 어떤 결과를 가져왔는지, 당의 집단적 지도 원칙을 파괴함으로써 그리고 엄청난 무제한의 권력을 한 사람의 수중에 집중시킴으로써 어떤 막대한 손해를 초래했는지 아직 잘 모르고 있습니다. 따라서 당 중앙위원회는 소련 공산당 제20차 전당대회에서 이 문제에 관한 자료들을 제시하는 것이 불가피하다고 생각합니다.

　우선 마르크스-레닌주의의 거장들이 모든 개인숭배 현상을 얼마나 격렬하게 비난했는지를 상기해보십시오. 마르크스Karl Marx는 독일 정치가 빌헬름 블로스Wilhelm Bloss[5]에게 보낸 편지에서 이렇게 말했습니다.

　"인터내셔널이 있었을 때 나는 모든 개인숭배에 대한 불쾌감 때문에 나의 공적을 인정하는, 그리고 여러 나라에서 질릴 정도로 밀려오는 수많은 인사말들을 공개하도록 허용한 적이 전혀 없었습니다. 나는 답장조차 하지 않았으며, 아주 가끔만 그것들을 끝까지 읽었습니다. 처음부터 나와 엥겔스Friedrich Engels는 권위에 대한 맹신적인 숭배를 조장하는 모든 것을 단체의 규약에서 삭제한다는 조건 아래 공산주의자들의 비밀 단체에 가입했습니다(나중에 라살Ferdinand Lassalle[6]은 정반대로 행동했습니다)."(마르크스-엥겔스 전집, 26권, 초판, 487~488쪽)[7]

　얼마 후에 엥겔스는 다음과 같이 쓰고 있습니다.

　"마르크스도 나도, 우리는 언제나 어떤 중요한 목적이 있는 경우만을 제외하고는 개인을 위한 모든 공개적인 시위에 반대해왔습니다. 그리고 무엇보다도 우리는 우리 생전에 우리와 직접 관련된 시위에 반대해왔습니다."(마르크스-엥겔스 전집, 28권, 385쪽)

　혁명의 천재 블라디미르 일리치 레닌V. I. Lenin이 매우 겸손했다는 것은 널리 알려져 있습니다. 레닌은 역사의 창조자인 민중의 역할을, 살아 있는 독립적 유기체로서의 당의 지도적이고 조직적인 역할을, 그리고 중앙위원회의 역할을 언제나 강조했습니다.

마르크스주의는 혁명적 해방 운동을 지도하는 노동 계급 지도자들의 역할을 부정하지 않습니다.

레닌은 대중의 지도자와 조직가의 역할에 큰 의미를 부여하면서도, 동시에 모든 개인숭배 현상을 가차 없이 꾸짖었고, 마르크스주의에 부합하지 않는 '영웅'과 '군중'이라는 사회혁명당적 시각에 맞서, 다시 말해 '영웅'을 대중, 즉 민중에 대비시키려는 시도에 맞서 비타협적인 투쟁을 수행했습니다.

레닌은 당의 힘이란 대중과의 확고한 결합에, 다시 말해서 민중, 즉 노동자, 농민, 인텔리겐치아 등이 당을 뒤따르는 데 있다고 가르쳤습니다. "민중을 믿는 자, 살아 있는 민중적 창조성의 샘에 몸을 담그는 자만이 권력을 획득하고 유지할 것"(레닌 전집, 26권, 259쪽)이라고 레닌은 말했습니다.[8]

레닌은 볼셰비키 공산당이 민중의 지도자이자 교사라고 자랑스럽게 말했고, 중요한 모든 문제를 의식 있는 노동자들의 판단에, 당의 판단에 맡길 것을 호소했습니다. 그는 이렇게 말했습니다. "우리는 당을 믿으며 우리는 당이 우리 시대의 이성, 명예, 양심이라고 생각한다."(레닌 전집, 25권, 239쪽)

레닌은 소비에트 국가 체계에서 당의 지도적 역할을 축소하거나 약화하려는 모든 시도에 단호하게 반대했습니다. 그는 당 지도의 최고 원칙이 집단성임을 강조함으로써 당 지도의 볼셰비키적 원칙과 당 생활의 규범을 만들었습니다. 혁명 이전에도 레닌은 당 중앙위원회를 지도자들의 집합체이자 당 원칙의 수호자요 해석자라고 불렀습니다. "한 전당대회에서 다음 전당대회 사이에는 중앙위원회가 당의 원칙을 지키고 해석한다"(레닌 전집, 13권, 116쪽)고 레닌은 지적했습니다.

당 중앙위원회의 역할, 그 권위를 강조하면서 블라디미르 일리치는 이렇게 지적했습니다. "우리 중앙위원회는 엄격하게 중앙 집중화된 높은 권위를 지닌 집단으로 구성되었다…."(레닌 전집, 33권, 443쪽)

레닌이 살아 있을 때 당 중앙위원회는 당과 국가에 대한 집단적 지도의 진정한 구현체였습니다. 레닌은 전투적인 마르크스주의자-혁명가였고 원칙 문제에서는 항상 비타협적이었지만, 동지들에게 자신의 견해를 힘으로 강요하지는 않았습니다. 그는 설득했고 다른 이들에게 자신의 견해를 참을성 있게 설명했습니다. 레닌은 항상 당 생활의 규범이 실현되는지, 당의 규약이 지켜지는지, 전당대회와 중앙위원회 전체회의가 제때 소집되는지를 엄격하게 감독했습니다.

레닌은 노동자 계급과 근로 농민의 승리를 위한, 우리 당의 승리와 과학적 사회주의 사상의 실현을 위한 모든 위대한 일을 이루어냈을 뿐만 아니라 나중에 심각한 결과들을 가져올 스탈린의 부정적 성질을 제때에 간파함으로써 자신의 통찰력을 보여주었습니다. 당과 소비에트 국가의 장래를 걱정하던 레닌은 스탈린의 성격을 매우 정확하게 평가하여, 스탈린이 지나치게 거칠고 동료들을 충분히 배려하지 않으며 변덕스럽고 권력을 남용하기 때문에 스탈린을 서기장직에서 해임하는 문제를 검토해야 한다고 지적했습니다.

1922년 12월에 블라디미르 일리치는 다가올 전당대회에 보내는 서신에서 다음과 같이 썼습니다.

"스탈린 동지는 서기장이 되어 막대한 권력을 손에 넣었는데 나는 그가 그 권력을 언제나 충분히 사려 깊게 사용할 것이라고 믿지는 않는다."

당의 역사에서 레닌의 〈유언Завещание(zaveshchanie)〉[9]으로 알려진 매우 중요한 정치적 문건인 이 편지는 제20차 전당대회의 대의원들에게 배포되었습니다. 여러분은 이것을 읽으셨고 아마도 몇 번 더 읽게 될 것입니다. 당과 민중, 국가와 당 정책의 향후 방향에 대한 블라디미르 일리치의 걱정이 담겨 있는 레닌의 이 간결한 말을 잘 생각해보십시오.

블라디미르 일리치는 이렇게 말했습니다.

"스탈린은 너무 거칠다. 이런 결함은 동료들 내에서 그리고 우리 공산주의자들끼리의 교류에서는 충분히 참을 만하지만, 서기장 업무에서는 용납될 수 없다. 그러므로 나는 동지들에게 스탈린을 그 자리에서 해임시키는 방법을 생각해 볼 것을, 그리고 다른 모든 관계에서 스탈린 동지보다 단 한 가지가 더 나은 다른 사람, 즉 더 참을성 있고 더 충직하며 더 예의바르고 다른 동지들을 더 많이 배려하며 변덕이 덜 심한 다른 사람을 그 자리에 지명할 것을 제안하는 바이다."

레닌의 이 문건은 제13차 전당대회 대의원들 앞에서 발표되었고, 전당대회 대의원들은 스탈린을 서기장직에서 해임시키는 문제를 논의했습니다. 대의원단은 스탈린이 블라디미르 일리치의 비판적인 언급을 존중하고 그의 심각한 우려를 불러일으킨 자신의 결함을 고칠 것이라고 생각하여 스탈린을 그 자리에 유임시킨다는 입장을 표명했습니다.

동지들! 블라디미르 일리치가 자신의 〈유언〉에서 제시한 스탈린의 성격 묘사를 보완할 새로운 문건 두 가지를 본 전당대회에 보고해야겠습니다. 이 문건들은 당시 정치국 의장이었던 카메네프L. B. Kamenev[10]에게 보낸 나데쥬다 콘스탄티노브나 크루프스카야N. K. Krupskaya[11]의 편지와, 스탈린에게 보낸 블라디미르 일리치 레닌의 친서입니다.

그 문건들을 읽어보겠습니다.

1. 크루프스카야의 편지

레프 보리쉬치,[12]

의사 허락 하에 블라디미르 일리치가 구술하고 제가 받아 적은 짧은 편지와 관련하여 스탈린은 어제 저에게 너무나도 무례한 언동을 했습니다. 제가 하루 이틀 당에 있었던 것이 아닙니다. 지난 30년 동안 저는 그 어떤 동지에게서도 무례한 말을 한마디도 들어본 적이 없고 당과 일리치의 관심사는 스탈린 못지않게 제게도 소중합니다. 지금 저는 극도의 자제심이 필요합니다. 일리치와 무슨 말을 해도 되고 무슨 말을 해서는 안 되는지를 제가 어떤 의사보다도 잘 알고 있습니다. 다시 말하자면 무엇이 그를 흥분시키고 무엇이 그렇지 않은지를 여하튼 스탈린보다는 제가 더 잘 알고 있다는 말입니다. 블라디미르 일리치의 보다 가까운 동지인 당신과 그리고리[13]에게 호소하건대, 제발 저를 난폭한 사생활 침해, 비열한 욕설과 협박으로부터 보호해주십시오. 스탈린이 위협의 도구로 사용하려는 통제위원회[14]의 만장일치의 결정에 대해 의심하지 않습니다만, 저는 이 어리석은 싸움에 낭비할 힘도 시간도 없습니다. 저 또한 인간이며 제 신경은 극도로 예민해져 있습니다.

크루프스카야

이 편지는 나데쥬다 콘스탄티노브나가 1922년 12월 23일에 쓴 것입니다. 두 달 반이 지난 후인 1923년 3월에 블라디미르 일리치 레닌은 스탈린에게 아래의 편지를 보냈습니다.

2. 레닌의 편지

스탈린 동지에게.
사본은 카메네프와 지노비예프에게.

존경하는 스탈린 동지,
당신은 내 아내에게 전화하여 욕설을 하는 무례를 범했소. 비록 아내가 그 일을 잊자는 당신의 말에 동의했을지라도, 이 사실은 그녀에 의해 지노비예프와 카메네프에게 알려졌소. 나는 내게 적대적인 행위를 그렇게 쉽게 잊을 생각이 없는데, 아내에게 적대적인 행위는 내게 적대적인 것으로 간주된다는 것은 말할 필요도 없소. 그러므로 동지에게 청하건대, 동지가 했던 말을 취소하고 사과하든가, 아니면 우리 사이를 끝내는 것을 선택하든가를 저울질해보기 바라오. (대회장 내 동요)

경의를 표하며, 레닌.
1923년 5월 5일

동지 여러분! 저는 이 문건들에 대해 설명하지 않겠습니다. 이것이 의미하는 바는 그 자체로 매우 명확하게 드러나니까요. 만약 스탈린이 레닌 생전에 그렇게 처신했다면, 우리 당이 잘 알고 있으며 당이 탄생한 순간부터 레닌의 충실한 친구이자 우리 당의 대의를 위해 적극적으로 투쟁한 인물로서 높이 평가하는 나데쥬다 콘스탄티노브나 크루프스카야를 그렇게 대접했다면, 스탈린이 다른 일꾼들을 어떻게 대했을지 상상할 수 있지 않습니까. 이와 같은 그의 부정적인 자질들은 점점 더 발전했고 말년에는 도저히 참을 수 없을 지경에 이르렀습니다.

이후의 사건들이 보여주듯이 레닌의 우려는 공연한 것이 아니었습니다. 스탈린은 레닌이 죽자 처음에는 그의 교시들을 중시했지만, 나중에는 블라디미르 일리치의 심각한 경고를 무시하기 시작했습니다.

당과 국가에 대한 스탈린의 지도 방식을 분석하고 스탈린이 허용했던 모든 것에 대해 숙고해본다면, 레닌의 걱정이 옳았다는 점을 확신하게 될 것입니다. 레닌 생전에는 단지 맹아적인 형태로 드러났던 스탈린의 부정적인 특징들이 나중에는 심각한 권력 남용으로 발전하여 우리 당에 측정할 수 없는 손실을 초래했습니다.

우리는 그런 스탈린이 살아 있을 때 일어났던 것과 유사한 그 어떤 일도 재발할 수 없도록 모든 가능성을 제거하기 위해서 이 문제를 진지하게 검토하고 올바르게 분석해야 합니다. 스탈린은 지도와 사업에서의 집단성을 전혀 용납하지 않고 자신에게 반대하는 것뿐만 아니라 자신의 변덕과 독단을 기준으로 자기 방침에 반대하는 것처럼 보이는 모든 것에 대해 무지막지한 폭력을 행사했습니다. 그는 설득과 해명, 다른 사람들과의 세심한 작업 등을 통해서가 아니라, 자신의 방침을 강요하고 자신의 견해에 무조건 복종할 것을 요구하는 방식으로 행동했습니다. 이에 저항하거나 자신의 관점을, 자신이 옳음을 주장하려는 사람은 지도 집단에서 배제되고 도덕적 그리고 육체적 파멸이 뒤따르는 운명에 처해졌습니다. 이는 제17차 전당대회 이후에 특히 두드러졌는데, 그 시기에 사회주의의 대의에 헌신한 양심적이고 뛰어난 많은 당 활동가와 일반 당 일꾼들이 스탈린의 독재에 희생되었습니다.

우리 당은 트로츠키주의자, 우파, 부르주아 민족주의자에 반대하는 대대적인 투쟁을 수행했으며 사상적으로 레닌주의의 모든 적을 타도했다는 점을 언급해야 할 것입니다. 이런 사상 투쟁은 성공적으로 수행되었고 그 과정에서 당은 더욱 강화되고 단련되었습니다. 그리고 여기에서 스탈린은 긍정적인 역할을 했습니다.

우리 당은 반(反)레닌적인 입장을 지니고 당과 사회주의의 대의에 적대적인 정치 노선을 주장하는 당내의 사람들에 맞서 대대적인 사상적 정치 투쟁을 수행했습니다. 이것은 끈질

기고 힘들었지만 필요한 싸움이었습니다. 왜냐하면 트로츠키-지노비예프 연합파와 부하린N. I. Bukharin[15] 지지자들의 정치 노선은 본질적으로 자본주의의 복원으로, 국제적 부르주아지에 대한 투항으로 귀결될 것이기 때문입니다. 1928~1929년에 우리 당에서 '면직물 산업화', 부농 중시 등 우파 경향의 정치 노선이 승리했더라면 어떻게 되었을지 잠시 생각해봅시다. 그랬다면 우리에게는 강력한 중공업도, 그리고 집단 농장도 없었을 것이며, 우리는 자본주의자들의 포위 앞에 비무장 상태로 무력하게 남아 있었을 것입니다.

바로 이런 점 때문에 당은 그런 사상적 입장들과 비타협적인 투쟁을 전개했고, 트로츠키 반대파와 우파 기회주의자들의 반레닌주의적인 주장이 어떤 해악과 위험성을 지녔는가를 모든 당원과 비당원 대중에게 설명했던 것입니다. 그리고 당 노선을 설명하기 위한 엄청난 작업은 그 결실을 맺었습니다. 트로츠키주의자와 우파 기회주의자도 정치적으로 고립되었고 당의 압도적 다수가 레닌의 노선을 지지했으며, 당은 노동자들을 북돋고 조직하여 당의 레닌주의적 노선을 실현하도록, 즉 사회주의를 건설하도록 이끌 수 있었습니다.

생각해보십시오, 트로츠키주의자들이나 지노비예프 지지자들, 부하린 지지자들 등에 맞선 격렬한 사상 투쟁의 절정기에도 이들에게 극단적인 억압 조치를 취하지는 않았습니다. 투쟁은 사상 차원에서 수행되었습니다. 그러나 몇 년 후 우리나라에 이미 사회주의가 전반적으로 확립되었을 때, 착취 계급이 전반적으로 청산되었을 때, 소비에트 사회의 사회적 구조가 근본적으로 변화하여 적대적인 정당과 그룹들, 정치적 경향을 위한 사회적 기반이 급속히 줄어들었을 때, 당의 사상적 반대자들이 이미 오래전에 정치적으로 괴멸되었을 때, 그들에 대한 탄압이 시작되었습니다.

그리고 바로 이 시기(1935~1937~1938)에, 처음에는 레닌주의의 반대자들, 트로츠키주의자, 지노비에프 지지자, 부하린 지지자, 그리고 이미 오래전에 정치적으로 타도된 정당들과 같은 레닌주의의 반대자들을, 그 다음에는 내전, 산업화와 집단화 초기의 가장 힘든 수년간을 직접 몸으로 견뎌냈고 레닌주의적 당 노선을 위해 트로츠키주의자들과 우파들에 맞서 적극적으로 싸웠던 수많은 정직한 공산주의자 당 간부 요원들을 국가의 정책 노선에 따라 대규모로 탄압하는 현실이 등장했습니다.

스탈린은 '인민의 적'이라는 개념을 도입했습니다. 이 말은 논쟁 상대인 개인 또는 사람들의 사상적 잘못을 어떻게든 입증해야 할 필요성에서 단번에 벗어나게 해주었습니다. 이 말은 무언가 스탈린과 견해가 다르거나 단지 적대적 의도를 가졌다고 의심되는 모든 사람을, 그리고 단순히 중상모략을 받은 모든 사람을 혁명적 준법성의 모든 규범을 위반하면서 매우 잔혹하게 탄압할 수 있는 가능성을 제공했습니다. 사실

이런 '인민의 적' 개념은 현실적으로 중요한 여러 가지 문제에 관해서 어떤 사상 투쟁을 전개하거나 자기 견해를 표현할 수 있는 가능성을 이미 빼앗고 없애버렸습니다. 현대 법학의 모든 규범에 어긋나게도 범죄의 주요한, 아니 사실상 유일한 증거는 피고 자신의 '자백'이었고, 게다가 이 '자백'은, 나중의 조사에서 드러났듯이, 피고에게 육체적 제재를 가해 얻어 낸 것이었습니다.

그 결과 혁명적 준법성은 경악스러울 정도로 파괴되었으며, 과거에 당의 노선을 지지했던 그 어떤 잘못도 전혀 저지르지 않은 많은 사람이 고통을 당했습니다.

한때 당 노선에 반대했던 사람들의 경우도, 그들을 육체적으로 제거해야 할 만큼 중요한 근거가 없었다는 점을 언급해야 합니다. 그러한 사람들을 육체적으로 제거하기 위한 근거로서도 '인민의 적'이라는 개념이 도입되었습니다.

나중에 당과 인민의 적으로 선고받아 제거된 많은 사람이 레닌 생전에는 그와 함께 일했던 사람들이었습니다. 그들 중 일부는 레닌 생전에도 잘못을 저질렀지만, 그럼에도 레닌은 그들에게 일을 시키고 그들을 바로잡았으며 그들이 당에 남아 있도록 하기 위해 노력하고 그들을 자기편으로 이끌었습니다.

이와 관련하여 전당대회 대의원 여러분에게 1920년 10월에 레닌이 중앙위원회 정치국에 보낸 미공개 메모[16]에 대해 알려드리겠습니다. 통제위원회의 임무를 정의하면서 레닌은 이 위원회를 진정한 '당과 프롤레타리아트의 양심 기관'으로 만들어야 한다고 썼습니다.

"통제위원회의 특별 임무로서, 소비에트 또는 당 활동의 실패와 관련하여 심리적 위기를 겪었던 이른바 반대파의 대표들에 대해 주의 깊고 개별화된 태도를, 때로는 그들에 대한 일종의 직접적인 치료까지도 권유한다. 그들을 진정시키고, 그들에게 동지적으로 사업을 설명하며, 그들의 심리적인 특성에 부합하는 일을 (명령하는 것이 아니라) 찾아줄 것. 이런 점과 관련하여 중앙위원회 조직국에 조언과 지침을 제시하도록 노력해야 한다 등."

레닌이 마르크스주의의 사상적 반대자들과 올바른 당 노선에서 벗어난 사람들에게 얼마나 비타협적이었는지는 모두들 잘 알고 있습니다. 동시에 방금 읽은 문건과 그의 모든 당 지도 활동에서 알 수 있듯이 레닌은 동요를 보이거나 당 노선에서 일탈했지만 당으로 돌아올 수 있었던 사람들에게는 당이 매우 조심스럽게 접근해야 한다고 요구했습니다. 레닌은 극단적인 조치에 의존하지 말고 그런 사람들을 참을성 있게 교육하도록 조언했던 것입니다.

이는 사람들을 대하는 방식에서, 간부들과 일하는 데서 드러난 레닌의 현명함을 잘 보여줍니다.

이와는 완전히 다른 방식이 스탈린의 특징이었습니다. 스탈린은 사람들과 함께 인내가 필요한 일을 수행하고 끈질기고 세심하게 이들을 교육하는 것, 강요에 의해서가 아니라 사상적 입장을 지닌 조직원 전체로서 사람들에게 영향력을 행사하여 그들을 자기편으로 끌어들이는 것 등과 같은 레닌의 특성들을 전혀 지니지 못했습니다. 그는 설득과 교육이라는 레닌의 방법을 던져버렸고, 사상 투쟁에서 행정적 억압으로, 대규모 탄압으로, 테러로 넘어갔습니다. 그는 점점 더 광범위하고 집요하게 징벌 기관들을 통해 행동했을 뿐만 아니라, 현존하는 모든 도덕적 규범과 소련 법률을 자주 위반했습니다.

한 사람의 전횡은 다른 사람들의 전횡을 조장하고 허용했습니다. 대규모 체포와 수천 명의 유형, 재판과 정상적인 심리를 거치지 않은 처벌은 사람들에 대한 불신을 낳았고 공포와 적의를 불러일으켰습니다.

이는 당연히 당 대열과 모든 근로 민중 계층의 단합에 기여하지 못했고, 오히려 정직하지만 스탈린의 마음에 들지 않는 일꾼들을 말살하고 당에서 제명하는 것으로 귀결되었습니다.

우리 당은 레닌의 사회주의 건설 계획을 실현하기 위해 투쟁을 전개했습니다. 이것은 사상 투쟁이었습니다. 만약 이런 투쟁에서 당의 원칙주의와 사람들에 대한 민감하고 사려 깊은 태도가 능숙하게 결합된, 사람들을 쫓아내거나 없애지 않고 자기편으로 끌어오려는 소망 등을 가진 레닌의 방식이 쓰였더라면, 아마도 혁명적 준법성을 그렇게 난폭하게 위반하거나 수천 명에게 테러를 가하는 일은 없었을 것입니다. 비상한 조치들은 소비에트 체제에 반대해 실제로 범죄를 저지른 사람들에게만 사용되었을 것입니다.

몇몇 역사적 사실을 살펴봅시다.

10월 혁명 직전에, 볼셰비키당 중앙위원회의 두 위원인 카메네프와 지노비예프는 무장 봉기라는 레닌의 계획에 반대했습니다. 게다가 이들은 10월 18일에 멘셰비키 신문인 〈새로운 삶Новая жизнь(Novaia Zhizn')〉에 볼셰비키가 봉기를 준비하고 있다는, 그리고 자신들은 그 봉기를 위험하고 무모한 것으로 간주한다는 성명을 발표했습니다. 그럼으로써 카메네프와 지노비예프는 봉기에 관한, 즉 가까운 시일 안에 봉기를 조직한다는 중앙위원회의 결의를 적들에게 폭로했던 것입니다.

이것은 당 과업과 혁명 과업을 배반한 행위였습니다. 레닌은 이와 관련하여 이렇게 썼습니다. "카메네프와 지노비예프는 무장 봉기에 관한 자기 당 중앙위원회의 결의를 로쟌코M. V. Rodzianko[17]와 케렌스키A. F. Kerensky[18]에게 팔아넘겼다…."(레닌 전집, 26권, 194쪽) 레닌은 지노비예프와 카메네프를 당에서 제명하는 문제를 중앙위원회에 제기했습니다.

그러나 모두 아시다시피 위대한 10월 사회주의 혁명이 성공한 이후에 지노비예프와 카메네프는 지도적 위치에 올라섰습니다. 레닌은 이들이 당의 매우 중요한 임무를 수행하고 당과 소비에트의 지도적인 기관에서 적극 활동하도록 끌어들였습니다. 레닌의 생전에 지노비예프와 카메네프가 다른 큰 잘못을 적지 않게 저질렀다는 점은 잘 알려져 있습니다. 레닌은 자신의 〈유언〉에서 "지노비예프와 카메네프의 10월 에피소드는 물론 우연이 아니"라고 경고했습니다. 그러나 레닌은 그들의 총살은 말할 것도 없고 체포 문제도 제기하지 않았습니다.

또 트로츠키주의자들을 예로 들어봅시다. 역사적 시간이 충분히 지나간 지금, 우리는 매우 차분하게 트로츠키주의자들과의 투쟁에 대해 이야기하고 상당히 객관적으로 그 사건을 분석할 수 있습니다. 사실 트로츠키 주위에는 결코 부르주아 계층 출신이 아닌 사람들도 있었습니다. 이들 가운데 일부는 당 인텔리겐치아였지만 또 다른 일부는 노동자 출신이었습니다. 한때 트로츠키주의에 가담했던 사람들을 모두 거명할 수도 있을 것입니다. 하지만 그들도 혁명 이전의 노동 운동에, 10월 사회주의 혁명의 진행 과정에, 그리고 이 위대한 혁명의 성과를 확고히 하는 데 적극적으로 참여했습니다. 그들 중 다수는 트로츠키주의와 결별했고 레닌의 입장으로 옮겨왔습니다. 정말 그러한 사람들을 물리적으로 제거할 필요가 있었을까요? 만약 레닌이 살아 있었다면, 그들 대다수에게 그런 극단적인 수단을 사용하지 않았을 것이라고 저는 깊이 확신합니다.

이러한 역사적 사실들은 단지 일부에 불과합니다. 그런데 레닌이 정말 필요한 순간에 혁명의 적들에게 가장 잔혹한 수단을 사용하기를 주저했다고 말할 수 있겠습니까? 아닙니다. 아무도 그렇게 말할 수 없습니다. 블라디미르 일리치는 혁명과 노동 계급의 적들에 대한 잔혹한 징벌을 요구했고 필요할 때는 그런 수단들을 가차 없이 사용했습니다. 반(反)소비에트 폭동을 조직한 사회혁명당원들과 1918년 및 그 이후의 반혁명적인 부농 계층에 대한 레닌의 투쟁을 기억해보십시오. 그때 레닌은 동요하지 않고 적들에게 가장 단호한 조처를 취했습니다. 그러나 레닌은 그런 조치들을 실제적인 계급의 적들에게만 사용했지, 실수하거나 방황하는 사람들, 사상적 영향을 통해 자기편으로 끌어올 수 있고 심지어 지도부에 남겨둘 수 있는 사람들에게까지 사용했던 것은 아닙니다.

레닌은 정말 불가피한 경우에, 즉 혁명에 광적으로 저항하는 착취 계급들이 존재했을 때, '누가-누구를 굴복시키느냐'라는 계급투쟁의 원칙에 따라 투쟁이 필연적으로 내전을 포함한 가장 첨예한 형태를 취하게 되었을 때 가혹한 조치를 사용했습니다. 그런데 스탈린은 혁명이 승리했을 때, 소비에트 국가가 공고해졌을 때, 착취 계급이 이미 청산되고 사회주의적 관계가 국민 경제의 모든 부문에서 확립되었을 때, 우리 당이 정치적으로 강화되고 수적으로나 사상적으로나 단련되었을 때 가장 극단적인 대규모 탄압 조치들을 사용했습니다. 분명한 사실은 스탈린이 일련의 경우에서 보여주었던 조급함, 난폭함, 권력 남용 등이 여기에서도 드러났다는 점입니다. 자신의 정치적 정당성을 입증하여 대중을 동원하는 대신 그는 자주 실제적인 적들뿐 아니라 당과 소비에트 당국에 대한 범죄를 저지르지 않은 사람들까지도 탄압하고 육체적으로 말살하는 노선을 따랐습니다. 여기에서는 레닌이 그토록 우려했던 난폭한 힘의 과시 이외에 그 어떤 지혜도 찾아볼 수 없습니다.

당 중앙위원회는 최근에, 특히 베리야L. P. Beriia[19] 도당의 정체가 폭로된 이후에 그 도당이 날조한 일련의 사건들을 검토했습니다. 이때 스탈린의 잘못된 처신들과 결부되어 난폭하고 제멋대로 권력을 사용했던 매우 추악한 모습이 드러났습니다. 이런 사실들이 보여주듯이, 스탈린은 무제한의 권력을 행사했는데, 중앙위원회 위원들과 심지어 중앙위원회 정치국 위원들의 견해를 묻지 않은 채, 때로는 당과 국가의 매우 중요한 문제들에 대해 자신이 개인적으로 내린 결정을 이들에게 알리지도 않은 채 중앙위원회의 이름으로 행동하면서 적지 않은 권력 남용을 저질렀습니다.

*

개인숭배 문제를 검토하면서, 우리는 무엇보다도 그것이 우리 당에 어떤 손해를 가져왔는지를 밝혀야 할 것입니다.

블라디미르 일리치 레닌은 언제나 노동자와 농민의 사회주의 국가를 지도하는 당의 역할과 의미를 강조했는데, 그는 그것을 우리나라에서 성공적으로 사회주의를 건설하기 위한 기본 조건으로 간주했던 것입니다. 레닌은 소비에트 국가의 지배 정당으로서 볼셰비키 당의 막대한 책임을 지적하면서 당 생활의 모든 규범을 매우 엄격히 준수할 것과 당과 나라에 대한 집단 지도의 원칙을 실행할 것을 호소했습니다.

집단 지도는 민주집중제의 원칙 위에 세워진 우리 당의 본질에서 유래합니다. 레닌이 말하기를 "이것은 당의 모든 일을 동등한 권리를 지닌 모든 당원이 어떤 예외도 없이 직접 혹은 대표를 통해 꾸려간다는 것을 의미한다. 그에 따라서 모든 책임자, 모든 지도 집단, 모든 당 기구는 선출되며 보고의 의무가 있고, 교체 가능하다."(레닌 전집, 11권, 396쪽)

다 아시다시피 레닌 자신이 이런 원칙을 엄격히 준수하는 모범을 보여주었습니다. 레닌은 중앙위원회 또는 중앙위원회 정치국의 다수 위원들과 논의도 하지 않고 그들의 동의를 얻지 않은 채 혼자서 중요한 문제를 결정한 적이 없었습니다.

우리 당과 우리나라가 가장 어려웠던 시기에도 레닌은 모든 중요한 문제를 논의하여 지도자 집단이 다각적으로 검토한 결정을 채택할 전당대회, 당 협의회, 중앙위원회 전체회의 등을 정기적으로 여는 것이 필요하다고 생각했습니다.

예를 들어 1918년, 이 나라에 제국주의적 간섭의 위협이 드리워져 있던 때를 기억해봅시다. 이러한 상황에서도 사활이 걸릴 만큼 중요하고 시급한 문제인 강화에 대해 논의하기 위해 제7차 전당대회가 소집되었습니다. 1919년, 내전의 절정기에는 제8차 전당대회가 소집되어 새로운 당 강령을 채택했고, 주요 농민 대중에 대한 태도, 붉은 군대의 창설, 소비에트 활동에서의 당의 지도적 역할, 당의 사회적 구성의 개선 등과 같은 중요한 문제들을 결정했습니다. 1920년에는 경제 건설 부문에서 당과 국가의 과제들을 규정했던 제9차 전당대회가 소집되었습니다. 1921년 제10차 전당대회에서는 레닌이 마련한 새로운 경제 정책과 '당의 통일성에 관한' 역사적인 결의문이 채택되었습니다.

레닌 생전에 전당대회는 정기적으로 열렸고, 레닌은 당과 국가의 발전에서 급격한 전환이 요구될 때마다 국내외 정책, 당과 국가 건설의 근본적인 문제들에 대한 당 내의 광범위한 논의가 무엇보다도 필요하다고 생각했습니다.

레닌이 자신의 마지막 논문과 편지, 메모 들을 당 최고 기관인 전당대회에 보냈다는 것은 매우 의미 깊습니다. 전당대회가 소집되지 않는 기간에는 중앙위원회가 당 원칙을 엄격히 준수하고 정책을 실현하는 권위 있는 지도자 집단의 역할을 수행했습니다.

레닌의 생전에는 그러했습니다.

우리 당을 위한 이런 레닌의 성스러운 원칙이 블라디미르 일리치 사후에 지켜졌습니까?

레닌이 죽은 뒤 몇 년간은 전당대회와 중앙위원회 전체회의가 그나마 정기적으로 열렸다면, 스탈린이 점점 더 권력을 남용하기 시작한 후에는 이 원칙이 마구 파괴되기 시작했습니다. 특히 이러한 현상은 스탈린 생애의 마지막 15년 동안에 두드러졌습니다. 제18차 전당대회와 제19차 전당대회 사이에 13년 이상의 시간이 흘렀고, 그 기간에 우리 당과 우리나라가 무수한 사건들을 겪었다는 사실을 어떻게 정상이라고 생각할 수 있겠습니까? 그런 사건들은 조국전쟁[20] 상황에서 국방 문제와 전후의 평화로운 건설 문제에 관해 당이 결정하도록 절박하게 요구했습니다. 심지어 전쟁이 끝난 후에도 전당대회는 7년 이상 소집되지 않았습니다.

중앙위원회 전체회의는 거의 소집되지 않았습니다. 대조국전쟁 기간 내내 중앙위원회 전체회의는 사실상 단 한 번도 열리지 않았다고 말하면 충분할 것입니다. 사실 1941년 10월에 중앙위원회 전체회의를 소집하려는 시도[21]가 있었는데, 그때 중앙위원회 위원들은 나라 전역에서 모스크바로 특별히 소집되었습니다. 그들은 이틀 동안 전체회의 개회를 기다렸지만 헛수고였습니다. 스탈린은 심지어 중앙위원회 위원들을 만나 대화하려고도 하지 않았습니다. 이런 사실은 스탈린이 전쟁 초기 몇 달 동안 얼마나 의기소침해 있었는지, 그리고 그가 중앙위원회 위원들을 얼마나 경멸하고 오만한 태도로 대했는지를 말해줍니다.

이런 현실은 스탈린이 당 생활의 규범을 무시하고 당의 집단 지도라는 레닌의 원칙을 위반했음을 명확히 보여줍니다.

당과 중앙위원회에 대한 스탈린의 전횡은 특히 1934년에 열렸던 제17차 전당대회 이후에 나타났습니다.

중앙위원회는 당의 기간요원들에 대한 난폭한 전횡을 입증하는 수많은 사실을 알고 난 후, 중앙위원회 간부회 아래 당 소위원회[22]를 설치하여 전연방 공산당(볼셰비키)의 제17차 전당대회에서 선출된 당 중앙위원회 위원 및 후보위원들의 다수에 대한 대규모 탄압이 어떻게 가능했는가를 상세히 조사하도록 의뢰했습니다.

소위원회는 내무 인민위원부 문서고에 있는 막대한 분량의 자료와 여타 문서들을 검토한 후, 공산주의자에 대한 날조된 사건들, 거짓 고발, 사회주의적 준법성의 명백한 위반 사실이 수없이 많이 있었고 그 결과 죄 없는 사람들이 죽었다는 것을 확인했습니다. 1937~1938년에 '적'이라고 선언되었던 당, 소비에트, 경제계의 많은 일꾼이 실제로는 결코 적도, 스파이도, 유해 세력 등도 아니었습니다. 이들은 사실상 언제나 정직한 공산주의자였지만 중상모략을 받았고 때로는 비인간적인 고문을 견디지 못해 (날조 전문가인 조사관들이 불러주는 대로) 갖가지 엄중하고 믿기 어려운 죄로 스스로를 고발했다는 것이 밝혀졌습니다. 소위원회는 제17차 전당대회 대의원들과 그 대회에서 선출된 중앙위원회 위원들에게 가해진 대규모 탄압에 관한 많은 문서 자료를 중앙위원회 간부회에 제출했습니다. 이 자료를 중앙위원회 간부회가 검토했습니다.

제17차 전당대회에서 선출된 당 중앙위원회 위원 및 후보위원 139명 중 98명, 즉 70퍼센트가 (주로 1937~1938년에) 체포되어 총살당했음이 확인되었습니다. (대회장 분노로 웅성거림)

제17차 전당대회 대의원들의 구성은 어떠했습니까? 표결권을 지닌 제17차 전당대회 참석자의 80퍼센트가 1920년까지의 혁명적 지하 활동 및 내전 시기에 입당했음은 잘 알려져 있습니다. 사회적 지위로 분류한다면, 전당대회 대의원의 다수를 구성한 것은 노동자들이었습니다(표결권을 가진 대의원의 60퍼센트).

따라서 이렇게 구성된 전당대회가, 다수가 당의 적인 중앙위원회를 선출했을 것이라고는 결코 상상할 수 없습니다. 오직 정직한 공산주의자들이 중상모략을 당했고 그들에 대한 고발이 날조되었던 결과, 혁명적 준법성이 끔찍하게 파괴되었던 결과로서만 제17차 전당대회가 선출한 중앙위원회 위원 및 후보위원들의 70퍼센트가 당과 인민의 적이라고 선언되었던 것입니다.

　이러한 운명은 중앙위원회 위원들만이 아니라 제17차 전당대회의 많은 대의원에게도 닥쳤습니다. 표결권과 심의권을 가진 전당대회 대의원 1,966명 중에서 절반이 훨씬 넘는 1,108명이 반혁명 범죄로 고발되어 체포되었습니다. 이런 단 하나의 사실만으로도, 지금은 분명해졌듯이, 제17차 전당대회 참가자의 다수를 반혁명 범죄로 고발한 것이 얼마나 터무니없고 야만적이며 상식에 어긋나는 일이었는지가 명확해집니다. (대회장 분노로 웅성거림)

　제17차 전당대회는 승리자들의 대회로 역사에 기록되었다는 점을 상기할 필요가 있습니다. 전당대회 대의원으로 선출된 사람들은 우리 사회주의 국가 건설의 적극적인 참여자들이었고, 이들 중 많은 사람이 혁명 이전에는 지하에서, 그리고 내전 시기에는 전선에서 당의 과업을 위해 헌신적으로 투쟁했습니다. 이들은 용감하게 적과 싸웠고, 수차례 죽음에 직면했지만 겁내지 않았습니다. 이러한 사람들이 지노비예프 지지자, 트로츠키주의자, 우파 등의 정치적 파멸과 사회주의 건설의 위대한 승리 이후에 '양다리 걸친 자들'로 판명되었다는 것을, 사회주의의 적 진영으로 넘어갔다는 것을 어떻게 믿을 수 있습니까?

　그러한 일은 당 기간요원들에게 대규모 테러를 가하기 시작한 스탈린 측의 권력 남용의 결과로 일어났던 것입니다.

왜 열성 당원들에 대한 대규모 탄압이 제17차 전당대회 이후에 점점 더 강화되었겠습니까? 그것은 스탈린이 이 시기에 이르러 이미 중앙위원회와 당을 전혀 고려하지 않아도 될 만큼 당과 민중 위로 올라섰기 때문입니다. 제17차 전당대회 이전까지 그는 집단적 견해를 아직 받아들이고 있었습니다. 그러나 트로츠키주의자, 지노비예프 지지자, 부하린 지지자 등을 정치적으로 완전히 분쇄한 이후에, 그런 투쟁 및 사회주의 승리의 결과로서 당과 국민이 단합했을 때에 스탈린은 점점 더 당 중앙위원회 위원들을, 심지어는 정치국 위원들을 고려하지 않게 되었습니다. 스탈린은 이제 자신이 모든 일을 직접 처리할 수 있고 다른 사람들은 자신의 보조역으로서만 필요하다고, 다른 모든 사람이 오로지 자신의 말에 순종하고 자신을 찬양한다는 전제 위에 그들을 거느리고 있다고 생각했던 것입니다.

키로프 S. M. Kirov[23]에 대한 사악한 암살 이후에 대규모 탄압과 사회주의적 준법성의 폭력적 위반이 시작되었습니다. 1934년 12월 1일 저녁 스탈린의 발의에 따라(정치국의 결의는 없었지만 이틀 후에야 설문 조사로 형식을 갖추었다) 중앙집행위원회 간부회 서기 예누키제 A. E. Enukidze[24]는 다음과 같은 결의문[25]에 서명했습니다.

1. 수사 당국들에게 — 테러 행위의 준비 또는 실행으로 고발

된 자의 사건을 신속한 절차로 처리할 것.

2. 재판 기관들에게—해당 범주의 범죄자가 자비를 청원한다고 극형 판결의 집행을 보류하지 말 것. 소련 중앙집행위원회 간부회는 그러한 청원을 심의할 수 없다고 생각하고 있음.

3. 내무 인민위원부의 기관들에게—위에서 언급한 범주의 범죄자들에 대한 극형 판결은 재판부의 판결이 나오면 즉각 집행할 것.

이런 결의문은 사회주의적 준법성을 대대적으로 파괴할 수 있는 근거가 되었습니다. 날조된 수많은 조사 사건에서 고발당한 사람들은 테러 행위의 '준비'에 해당되었고, 그에 따라 그들은 심지어 강요받은 '자백'을 법정에서 부인하고 자신들에 대한 고발을 설득력 있게 반박했을 때조차도 사건을 다시 조사받을 수 있는 모든 가능성을 빼앗겨버렸습니다.

키로프 동지의 죽음을 둘러싼 상황은 지금까지도 이해할 수 없는 많은 의문점을 지니고 있어 아주 면밀하게 조사할 필요가 있다는 점을 언급해야만 합니다. 키로프를 경호해야 하는 사람 중 누군가가 키로프의 살해범인 니콜라예프 L. V. Nikolaev[26]를 도와주었다고 생각할 만한 근거가 있습니다. 니콜라예프는 살해하기 한 달 반 전에 수상한 행동 때문에 체포되었지만 조사도 받지 않고 풀려났습니다. 키로프를 전담 경호했던 체카[27] 요원이 1934년 12월 2일에 심문받기 위해 끌려가면서 자동차 '사고'로 사망했는데 그때 그를 호송하던 사람들은 아무도 부상당하지 않았다는 상황도 매우 의심스럽습니다. 키로프 암살 후 레닌그라드 내무 인민위원부의 지도적 요원들은 면직과 함께 아주 가벼운 처벌을 받았습니다. 하지만 그들은 1937년에 총살되었습니다. 키로프 살해를 조직한 자들의 흔적을 없애기 위해 그들을 총살했다고 생각할 수 있습니다. (대회장 내 동요)

대규모 탄압은 스탈린과 즈다노프A. A. Zhdanov[28]가 러시아 남부의 소치에서 카가노비치L. M. Kaganovich[29]와 몰로토프V. M. Molotov,[30] 그리고 정치국의 다른 위원들에게 1936년 9월 25일자 전보를 보낸 이후인 1936년 말부터 급속히 강화되었습니다. 전보 내용은 아래와 같습니다.

예조프N. I. Ezhov[31] 동지를 내부인민위원 직에 임명하는 것이 절대적으로 불가피하며 시급한 일이라고 생각합니다. 야고다G. G. Iagoda[32]는 트로츠키-지노비예프 연합 세력을 적발하는 일에서 자신의 임무를 제대로 감당할 수 없음이 분명합니다. 합동국가보안부ОГПУ[33]는 이 일에서 4년은 뒤처져 있습니다. 모든 당 일꾼과 내무 인민위원부의 대다수 주(州) 대표자들이 그렇게 말하고 있습니다.

그런데 스탈린은 당 일꾼들을 만난 적이 없었으며 따라서 그들의 견해를 알 수 없었다는 점을 지적해야겠습니다.

대규모 탄압 조치를 사용하는 데서 '내무 인민위원부가 4년은 뒤처져 있다'는, 놓친 시간을 서둘러 '따라잡아야 한다'는 스탈린의 이런 지령은 곧바로 내무 인민위원부 요원들이 대규모 체포 및 총살에 나서도록 자극했습니다.

이 지령이 1937년 2~3월의 전연방 공산당(볼셰비키) 중앙위원회 전체회의에도 강요되었음에 주목해야 합니다. 예조프의 보고에 대한 전체회의의 결의문인 〈일본-독일-트로츠키 앞잡이들의 적대 행위, 교란 활동과 스파이 활동이 주는 교훈들Уроки вредительства, диверсий и шпионажа япония-немецко-троцкистских агентов〉은 이렇게 언급하고 있습니다.

> 전연방 공산당(볼셰비키) 중앙위원회 전체회의는 반(反)소비에트적인 트로츠키주의자 중앙 조직 및 지방 지지자들에 관한 사건들을 조사하는 과정에서 드러난 모든 사실은 내무 인민위원부가 이런 극악한 인민의 적들을 적발하는 데 적어도 4년은 뒤처져 있음을 보여준다고 생각한다.

당시 대규모 탄압은 트로츠키주의자들과의 투쟁이라는 깃발 아래서 이루어졌습니다. 정말로 이 시기에 트로츠키주의자들이 우리 당과 소비에트 국가에 그토록 위험했을까요?

1927년 제15차 전당대회 직전에 72만 4,000명이 당 노선에 지지표를 던졌을 때, 기껏해야 4,000명만이 트로츠키-지노비에프 반대파에 지지표를 던졌다는 사실을 기억해야 합니다. 제15차 전당대회와 2~3월의 중앙위원회 전체회의 사이에 놓여 있는 10년 동안 트로츠키주의는 완전히 분쇄되었으며, 이전의 많은 트로츠키주의자들이 자신들의 옛 견해를 버리고 사회주의 건설의 여러 분야에서 일하고 있었습니다. 사회주의가 승리한 우리나라 상황에서 대규모 테러가 행해질 근거가 없었음은 분명합니다.

1937년 2~3월의 중앙위원회 전체회의에서 발표했던 '당 사업의 결함과 트로츠키주의자 및 그 밖의 양다리 걸친 자들을 청산하는 방법'에 관한 보고문에서 스탈린은 우리가 사회주의에 접근하면 할수록 계급투쟁은 더욱더 격렬해진다는 평계를 내세워 대규모 탄압 정책에 이론적 근거를 부여하려고 시도했습니다. 그때 스탈린은 역사가 그렇게 가르치며, 레닌이 그렇게 가르친다고 주장했습니다.

실제로 레닌은 착취 계급들의 저항을 억눌러야 하는 필요성 때문에 혁명적인 폭력을 사용하게 된다고 교시했지만 레닌의 이러한 교시는 착취 계급들이 존재했고 강력했던 시대에 관한 것이었습니다. 국내의 정치 상황이 개선되자마자, 1920년 1월에 적군(赤軍)이 로스토프를 점령하고 데니킨A. I. Denikin[34]에게 결정적인 승리를 거두자마자 레닌은 제르진스키F. E. Dzer-zhinsky[35]에게 대규모 테러를 중지하고 사형을 폐지하라는 지시를 내렸습니다. 레닌은 1920년 2월 2일 전(全)러시아 중앙집행위원회 회의에서 했던 보고에서 소비에트 당국의 이런 중요한 정치적 조치의 근거를 다음과 같이 제시했습니다.

테러는 강력한 세계 열강들이 그 어떤 거리낌도 없이 대규모 군대로 우리를 공격했을 때, 연합국들의 테러리즘이 우리에게 강요한 것이었습니다. 만약 장교들과 백위군의 이러한 시도에 무자비한 방식으로 대응하지 않았더라면 우리는 이틀도 버티지 못했을 것입니다. 이런 무자비한 방식이란 테러를 의미하며, 그것은 연합국들의 테러주의적인 태도가 우리에게 강요한 것이었습니다. 그리고 우리는 전쟁이 아직 끝나지 않았지만 결정적인 승리를 거두자마자, 로스토프 점령 직후에 사형을 중지했으며, 그럼으로써 우리가 이전에 약속했던 그대로 우리의 강령을 대하고 있음을 보여주었습니다. 우리는 착취자들을 억눌러야 하기 때문에, 즉 지주들과 자본가들을 억눌러야 하기 때문에 폭력을 사용한다고, 그리고 이 문제가 해결된다면 우리는 모든 예외적인 조치를 중지할 것이라고 말해왔습니다. 우리는 실제로 이것을 증명했습니다.(레닌 전집, 30권, 303~304쪽)

스탈린은 이런 직접적이고 명확한 강령적인 레닌의 교시에서 벗어났습니다. 스탈린은 우리나라에서 모든 착취 계급이 이미 청산되었고 예외적인 조치들을 대규모로 사용할, 즉 대규모 테러가 필요한 그 어떤 중요한 근거도 사라진 이후에 당과 내무 인민위원부를 대규모 테러로 몰고 갔습니다.

사실상 이러한 테러는 격퇴된 착취 계급의 잔존 세력이 아니라 당과 소비에트 국가의 성실한 기간요원들을 겨냥한 것이었음이 밝혀졌는데, 그들에게는 '양다리 걸치기', '스파이 활동', '적대 행위', 조작된 어떤 '암살'의 준비 등 거짓되고 중상모략적이며 말도 안 되는 비난이 가해졌던 것입니다.

(1937년) 2~3월의 중앙위원회 전체회의에서 몇몇 중앙위원회 위원들의 발언은 본질적으로 '양다리 걸친 세력들'과의 투쟁을 구실로 삼아 결정된 대규모 탄압 노선의 정당성에 대한 의심을 보여줍니다.

이러한 의심은 포스티세프P. P. Postyshev[36] 동지의 연설에 가장 명확하게 표현되어 있습니다. 그는 다음과 같이 말했습니다.

저는 이렇게 생각합니다. 그토록 힘겨웠던 투쟁의 시기는 지나갔고, 부패한 당원들은 파괴되었거나 적들에게로 떠나갔으며 건전한 당원들은 당의 대의를 위해 싸웠습니다. 이것이 바로 산업화, 농업 집단화의 시기입니다. 저는 카르포프M. M.

Karpov[37]와 그 일당이 그 힘든 시기를 버틴 후에 적의 진영으로 넘어갔다는 것을 도저히 이해할 수 없습니다(카르포프는 포스티셰프가 잘 아는 우크라이나 중앙위원회의 일꾼입니다). 하지만 증언들에 따르면, 카르포프가 1934년부터 트로츠키주의자들에게 고용되었던 것 같습니다. 저 자신은 당의 대의를 위해, 그리고 사회주의를 위하여 적과 오랫동안 격렬하게 투쟁해온 건전한 당원이 1934년에 적의 진영으로 넘어간 것이 믿기지 않습니다. 저는 그것을 믿을 수 없습니다…힘겨운 시기를 당과 함께 보내고 그 후인 1934년에 트로츠키주의자들에게 옮겨가는 것이 어떻게 가능한지 저는 납득이 되지 않습니다. 정말 이상한 일입니다…. (대회장 내 동요)

사회주의에 가까워질수록 더 많은 적이 생겨날 것이라는 스탈린의 교시를 이용하여, 예조프의 보고에 관한 중앙위원회의 2~3월 전체회의의 결의문을 이용하여, 국가 보안기관에 침투해 있던 관제 선동자들과 양심 없는 출세주의자들은 당과 소비에트 국가의 주요 간부들, 평범한 소련 시민들을 겨냥한 대규모 테러를 당의 이름으로 은폐했습니다. 1937년에 반혁명 범죄로 고발되어 체포된 사람들의 수가 1936년에 비해 열 배 이상 증가했다고 말한 것으로 충분합니다!

얼마나 난폭한 전횡이 당의 지도적인 일꾼들에게도 행해졌는가는 잘 알려져 있습니다. 제17차 전당대회에서 채택된 당 규약은 제10차 전당대회 때 레닌이 했던 지시에 입각한 것이었는데, 중앙위원회 위원 및 후보위원들, 당 통제위원회 위원들에게 당에서의 제명과 같은 극단적인 조치를 적용하기 위한 전제 조건으로서 '중앙위원회 후보위원들과 당 통제위원회 위원들이 모두 참석하는 중앙위원회 전체회의를 소집해야' 하며 이런 책임 있는 당 지도자들의 공동 회의가 3분의 2의 표결로 불가피하다고 인정하는 상황에서만 중앙위원회 위원이나 후보위원을 당에서 제명할 수 있다고 규정했습니다.

제17차 전당대회에서 선출되고 1937~1938년에 체포된 중앙위원회 위원 및 후보위원들 중 다수는 그들에 대한 제명 문제가 중앙위원회 전체회의의 논의를 거치지 않았다는 점에서 불법적으로, 당 규약을 난폭하게 어기면서 당에서 제명되었던 것입니다.

오늘날 이러한 가짜 '스파이들'과 '적대 세력들' 중 몇몇에 관한 사건을 조사했는데, 그 사건들은 조작된 것이었음이 확인되었습니다. 적대 행위로 고발되어 체포당한 많은 사람의 자백은 잔인하고 비인간적인 고문으로 받아낸 것이었습니다.

동시에 스탈린은 당시의 정치국 위원들이 알려준 바와 같이, 중상모략을 당한 몇몇 정치가가 군사협의회의 법정에서 자신들의 진술을 부인하면서 사건을 객관적으로 조사해줄 것을 요구했을 때, 그런 성명서들을 정치국 위원들에게 송부하지 않았습니다. 그런데 그러한 성명서는 적지 않았으며 스탈린은 그것들에 대해 알고 있었음이 분명합니다.

중앙위원회는 제17차 전당대회에서 선출된 당 중앙위원회 위원들을 겨냥했던 일련의 날조된 '사건들'에 관해 이번 전당대회에서 보고할 필요가 있다고 생각합니다.

이전에 중앙위원회 정치국 후보위원이었고 당과 소비에트 국가의 뛰어난 활동가 중 한 명이었으며 1905년부터 당원이었던 에이헤R. I. Eikhe[38] 동지 사건은 추악한 관제 선동, 악의에 찬 날조, 혁명적 준법성의 범죄적 위반 등의 사례입니다. (대회장 내 동요)

에이헤 동지는 중상모략하는 자료에 따라 소련 검사의 승인도 없이 1938년 4월 29일에 체포되었는데, 검사의 승인은 체포된 지 15개월 후에야 받았습니다.

에이헤 사건의 심리는 소련 법률의 극심한 위반, 그리고 전횡과 날조 등의 상황 속에서 이루어졌습니다.

에이헤는 고문당한 상태에서 조사관이 사전에 작성한 심문 기록에 서명하도록 강요받았는데, 그 기록에는 자기 자신과 몇몇 뛰어난 당 및 소비에트 일꾼들을 반소비에트 활동으로 고발하는 내용이 담겨 있었습니다.

1939년 10월 1일에 에이헤는 스탈린에게 성명서를 보냈는데, 거기서 그는 자신의 범죄를 단호하게 부인했으며 사건을 자세히 조사해줄 것을 요청했습니다. 성명서에 그는 이렇게 적었습니다.

 자신이 언제나 쟁취하고자 했던 그 체제에서 감옥에 갇히는 것보다 더 쓰라린 고통은 없다.

 에이헤가 1939년 10월 27일에 스탈린에게 보낸 두 번째 성명서도 보관되어 있습니다. 그 성명서에서 에이헤는 자신을 겨냥한 중상모략적인 고발을 사실에 입각하여 설득력 있게 반박했으며, 또한 이러한 관제 선동적 고발은 한편으로는 서부 시베리아 지역 당위원회의 제1서기였던 자신의 승인하에 체포되었던 진짜 트로츠키주의자들이 그에게 복수하려고 꾸민 사건이자, 다른 한편으로는 조사관들이 조작된 자료들을 비열하게 날조한 결과라는 것을 보여주었습니다.
 에이헤는 자신의 성명서에 이렇게 썼습니다.

 올해 10월 25일에 그들은 제 사건의 심리가 끝났다고 알려주었고 심리 자료를 볼 수 있도록 해주었습니다. 만약 제가 했다고 제시된 범죄들 중 단 하나라도, 그것의 100분의 1이라도 제게 책임이 있다면, 저는 이런 유서 같은 성명서를 당신에게 보낼 엄두를 낼 수 없었을 것입니다. 그러나 저는 제가 고소당한 범죄들 중 그 어떤 것도 저지르지 않았으며, 제 영혼에 비추어 비겁한 짓을 했던 적도 없습니다. 저는 평생 동안 당신에게 한마디라도 거짓말을 한 적이 없으며, 지금 저는 무덤 안에 두 발로 서 있지만 당신에게 거짓말을 하지 않습니다. 저에 관한 모든 사건, 그것은 관제 선동과 중상모략의 전형적인 사례이자, 혁명적 준법성의 근본 토대를 파괴한 전형적인 사례인 것입니다…

…제 심리 사건에서 제 정체를 폭로한다는 증언들은 황당무계할 뿐만 아니라, 몇몇 부분에서는 전연방 공산당(볼셰비키) 중앙위원회와 인민위원회의를 비방하고 있습니다. 왜냐하면 제가 주도하지도 않았고 참석하지도 않았던 상태에서 채택된 전연방 공산당(볼셰비키) 중앙위원회와 인민위원회의의 올바른 결정들이 저의 제안에 따라 이루어졌던 반혁명 조직의 적대적 행위로 묘사되고 있기 때문입니다…

지금 저는 제 생애에서 가장 치욕적인 부분을, 그리고 당과 당신에 대한 저의 가장 큰 잘못을 언급하고자 합니다. 그것은 제가 반혁명 활동을 했다고 인정한 것입니다…그것은 이렇게 된 일입니다. 우샤코프Z. M. Ushakov와 니콜라예프N. G. NikolaevZhurid[39]가 제게 했던 고문을, 특히 제 척추가 골절된 후 아직 제대로 낫지 않아 참을 수 없는 고통을 주고 있다는 점을 교묘히 이용하여 우샤코프가 했던 고문을 견디지 못하고 저는 저 자신과 다른 사람들을 비방하게 되었습니다.

제 증언은 대부분 우샤코프가 암시했거나 불러주었던 것이고, 나머지는 제가 서부 시베리아에 관한 내무 인민위원부의 자료들을 기억에 의존하여 고쳐 쓰면서 거기에 인용된 사실들을 모두 제 잘못으로 돌린 것입니다. 만약 우샤코프가 창조해내고 제가 서명한 꾸민 이야기에서 무언가 잘 맞지 않으면, 저는 수정된 다른 진술서에 서명하도록 강요받았습니다. 처음에는 예비 중앙 조직에 소속시켰다가 그 다음에는 제게 아무 말도 하지 않은 채 빼버린 루히모비치M. L. Rukhimovich[40]의 경우가 그러했으며, 부하린이 1935년에 조직했다는 예비 중앙 조직의 의장 경우도 그러했습니다. 처음에 저는 저 자신을 적어 넣었지만, 그 다음에 메즐라우크V. I. Mezhlauk[41]를 적어 넣으라는 제안을 받았습니다. 그리고 다른 많은 부분도 그러했습니다…

…저는 제 사건을 철저히 조사하도록 시킬 것을 당신에게 부탁하고 간청합니다. 그리고 이는 저를 용서하기 위해서가 아니라, 특히 제 소심함과 범죄적인 비방 때문에, 마치 뱀처럼 많은 사람을 휘감아버린 비열한 관제 선동을 폭로하기 위해서입니다. 저는 결코 당신과 당을 배신한 적이 없습니다. 저는 제가 저에 대한 관제 선동을 조직한 당과 인민의 적들의 추잡하고 비열한 작업 때문에 죽을 것임을 알고 있습니다.(에이헤 사건 서류, 1권)

이처럼 중요한 성명서는 반드시 중앙위원회에서 논의되어야 했을 것 같습니다. 그러나 그렇지 못했고, 성명서는 베리야에게 보내졌으며, 중상모략을 당한 정치국 후보위원 에이헤 동지에 대한 가혹한 폭력은 계속되었습니다.

1940년 2월 2일에 에이헤는 재판에 회부되었습니다. 법정에서 에이헤는 자신의 범죄를 인정하지 않고 다음과 같이 말했습니다.

이른바 저의 모든 진술에서, 어쩔 수 없이 써넣은 기록 아래의 서명을 제외하고는, 제가 언급한 단어는 하나도 없습니다. 그 진술은 저를 체포하자마자 마구 때리기 시작한 조사관의 압력으로 이루어진 것입니다. 그 이후에 저는 갖가지 어처구니없는 이야기를 쓰기 시작했습니다…제게 중요한 것은 제가 결백하다는 점을 법정과 당과 스탈린에게 말하는 것입니다. 저는 음모에 가담한 적이 없습니다. 저는 제 모든 활동 기간에 믿었던 것처럼, 지금도 당 정책이 옳다는 믿음을 지닌 채 죽어갑니다.(에이헤 사건 서류, 1권)

2월 4일 에이헤는 총살당했습니다. (대회장 분노로 웅성거림) 현재 에이헤 사건은 날조되었음이 명백히 확인되었고, 그는 사후 복권이 되었습니다.

1905년부터 당원이었으며 차르 시대에 10년간 징역을 살았던 정치국 후보위원 루주타크 Ia. E. Rudzutak[42] 동지는 자신의 강요된 진술을 법정에서 모두 부인했습니다. 최고재판소 군사협의회의 재판 기록에는 다음과 같은 루주타크의 발언이 적혀 있습니다.

…법정에서 그가 했던 유일한 요청은, 내무 인민위원부의 기관들 내부에는 어떤 잘못도 없는 사람들에게 자기 죄를 인정하도록 강요하여 인위적으로 사건을 만들어내는 아직도 뿌리 뽑히지 않은 부패 세력들이 존재한다는 점을 전연방 공산당(볼셰비키) 중앙위원회에 알려달라는 것이었습니다. 고발당한 상황에 대한 어떠한 조사도 없었고, 여러 사람의 이러저러한 진술에서 제시된 그 범죄에 자신이 가담하지 않았음을 입증할 어떤 가능성도 주어지지 않았습니다. 조사 방법들도 그렇습니다. 피의자 자신에 대해서는 전혀 말하지도 않은 채, 그 어떤 잘못도 없는 사람들을 생각해내어 비난하도록 강요하는 것입니다. 법정은 그가 전연방 공산당(볼셰비키) 중앙위원회를 위해 그런 모든 일에 대해 쓸 수 있는 기회를 줄 것을 요청합니다. 법정은 그가 개인적으로 우리 당의 정책에 반대하여 잘못된 생각을 가진 적이 전혀 없었음을 보증합니다. 왜냐하면 그는 항상 경제 및 문화 건설의 모든 분야에서 실행되었던 당의 모든 정책에 완전히 함께했었기 때문입니다.

아시다시피 루주타크는 한때 레닌의 사상에 따라 당의 단합을 위해 투쟁하도록 설치된 중앙 통제위원회 의장을 지냈지만, 그의 이런 성명서는 주의를 끌지 못했습니다. 이처럼 높은 권위를 지닌 당 기관의 의장이 무자비한 전횡의 희생양이 되었습니다. 그들은 그를 중앙위원회 정치국으로 부르지도 않았으며 스탈린은 그와 대화하기를 원치 않았습니다. 그는 20분 만에 형을 선고받고 총살당했습니다. (대회장 분노로 웅성거림)

1955년에 이루어진 꼼꼼한 조사로 인해 루주타크 기소 사건은 날조되었으며, 그를 중상모략한 자료들에 근거해서 형이 선고되었다는 것이 밝혀졌습니다. 루주타크는 사후 복권이 되었습니다.

그렇게 인위적으로—— 관제 선동적인 방식으로 —— 예전의 내무 인민위원부 요원들이 다양한 '반소비에트적인 중앙조직'과 '연합'을 만들어냈습니다. 이것은 1906년부터 당원이었고 1937년에 내무 인민위원부의 레닌그라드 지국에 의해 체포당한 로젠블륨Comrade Rozenblium 동지의 진술에서 분명해집니다.

1955년에 코마로프N. P. Komarov 사건[43]을 조사할 때 로젠블륨은 다음과 같은 사실을 알려주었습니다. 로젠블륨은 1937년에 체포당했을 때 가혹한 고문을 당했는데, 그 과정에서 그는 자신에 대해서뿐만 아니라 다른 사람들에 관해서도 거짓 진술을 강요당했습니다. 그 후에 그는 자코프스키L. M. Zakovsky[44]의 사무실로 끌려갔는데, 자코프스키는 만약 로젠블륨이 법정에서 1937년에 내무 인민위원부가 조작했던 '적대 행위, 간첩 활동, 교란, 테러 등을 위한 레닌그라드 중앙 조직에 관한 사건'과 관련된 거짓 증언을 해준다면 그를 풀어주겠다고 제안했습니다. (대회장 내 동요) 믿기 어려울 정도로 냉소적인 태도로 자코프스키는 가짜 '반소비에트 음모들'을 인위적으로 만들어내는 비열한 '수법'을 드러내 보였습니다.

로젠블륨은 이렇게 진술했습니다.

자코프스키는 이해하기 쉽도록 내 앞에 중앙 조직 및 지부들의 설정 가능한 조직도를 몇 가지 펼쳐놓았습니다. 이러한 조직도를 내게 알려준 후, 자코프스키는 내무 인민위원부가 이 중앙 조직에 관한 사건을 준비하고 있으며, 게다가 그 재판 과정은 공개될 것이라고 말했습니다.

중앙 조직의 지도부 4~5명, 즉 추도르 M. S. Chudor,[45] 우가로프 A. I. Ugarov,[46] 스모로딘 P. I. Smorodin,[47] 포제른 B. P. Pozern,[48] 샤포시니코바 L. K. Shaposhnikova[49] (이는 추도프의 아내입니다) 등, 그리고 각 지부에서 2~3명씩이 재판에 회부될 것이다…

…레닌그라드 중앙 조직에 관한 사건은 믿을 만하게 연출되어야 한다. 그러기 위해서는 증인이 결정적인 의미를 지닌다. 이때는 증인의 (당연히 과거의) 사회적인 지위, 그리고 당원으

로서의 경력이 적지 않은 역할을 한다.

당신이 직접 —— 자코프스키가 말했습니다 —— 무엇인가를 꾸며내야 하는 것은 아니다. 내무 인민위원부가 당신을 위해 각 지부마다 따로 완전한 줄거리를 짜놓을 것이다. 당신이 할 일은 그것을 외우고, 법정에서 제기될 수 있는 모든 질문과 답변을 정확하게 기억하는 것이다. 이 사건은 4~5개월, 아니면 반년에 걸쳐 준비될 것이다. 이 기간 동안에 당신은 심리(審理)와 자신을 망치지 않도록 준비해야 한다. 이제 당신의 운명은 재판 과정과 그 결과에 따라 달라질 것이다. 겁먹고 잘못하기 시작할 때 자신을 꾸짖어라. 제대로 해낸다면 대가리(머리)가 붙어 있을 것이며, 죽을 때까지 국가의 돈으로 먹고 입게 될 것이다.(코마로프 사건에 관한 조사 자료, l. d., 60~69쪽)

이 얼마나 비열한 사건들이 그 당시에 만들어졌단 말입니까! (대회장 내 동요)

지방에서는 조사 사건의 날조가 훨씬 더 널리 행해지고 있었습니다. 스베르들로프스크 지역의 내무 인민위원부 행정 기관은 이른바 '우랄 지역 봉기 본부'를, 다시 말하자면 스베르들로프스크 지역 당위원회 서기이자 전연방 공산당(볼셰비키) 중앙위원회 위원이며 1914년부터 당원이었던 카바코프I. D. Kabakov[50]가 지도한다는 '우익들, 트로츠키주의자들,

사회혁명당원들, 교회파 등의 동맹 조직'을 '적발했습니다'. 당시 조사 사건들의 자료에 따르면 거의 모든 지방, 지역, 공화국 내에는 마치 많은 지부를 가진 '간첩 – 테러 활동을 하는 파괴적이고 적대적인 우익 – 트로츠키주의자 조직 및 중앙 조직들'이 존재했던 것 같고, 보통 이러한 '조직' 및 '중앙 조직들'은 어쩌된 일인지 지역위원회, 지방위원회 또는 민족 공산당 중앙위원회의 제1서기가 이끌고 있었습니다. (대회장 내 동요)

유사한 '사건들'을 이렇게 기괴하게 날조했던 결과, 다양한 중상모략적인 '진술들'과 함께 자신과 다른 사람들에 대해 강요받은 거짓 고발을 믿었던 결과, 성실하며 그 어떤 죄도 짓지 않은 수천 명의 공산주의자가 죽었습니다. 코시오르S. V. Kosior,[51] 추바르V. Ia. Chubar,[52] 포스티셰프, 코사료프A. V. Kosarev[53] 등 당과 국가의 뛰어난 활동가들에 대한 '사건들'이 그런 식으로 조작되었던 것입니다.

그 당시 몇 년 동안 이런 근거 없는 탄압은 엄청난 규모로 진행되었고, 그 결과 당은 많은 간부요원을 잃었습니다.

군사협의회에서 심의될 사건과 관련된 인물의 명단이 내무 인민위원부에서 작성되었고 그들에 대한 처벌 조치가 사전에 결정되었을 때 잘못된 관행이 형성되었습니다. 예조프는 제안된 처벌 조치를 승인받기 위해 이런 명단들을 스탈린에게 직접 보냈습니다. 1937~1938년에 당, 소비에트, 공산청년동맹, 군사 및 경제 분야의 일꾼 수천 명에 관한 그런 명단 383종이 스탈린에게 보내져 그의 승인을 얻었습니다.

이런 사건들의 상당 부분이 지금 재검토되고 있는데 그 대다수는 근거 없고 조작된 것으로 판명되었습니다. 이는 1954년부터 현재까지 최고재판소의 군사협의회에 의해 7,679명이 이미 복권되었는데, 그들 중 다수가 사후에 복권되었다는 점을 말한다면 충분할 것입니다.

당, 소비에트, 경제 및 군사 분야 일꾼들의 대규모 체포는 우리나라에, 사회주의 건설 사업에 엄청난 손실을 가져왔습니다.

대규모 탄압은 당의 도덕적·정치적 상태에 부정적인 영향을 미쳤으며 확신을 뒤흔들었고 병적인 의심의 확산을 촉진시켰으며 공산주의자들 사이에 상호 불신을 심어놓았습니다. 온갖 종류의 중상모략가와 출세주의자들이 날뛰었습니다.

당 조직의 건강성을 어느 정도 회복시킨 것은 1938년 1월 전연방 공산당(볼세비키) 중앙위원회 전체회의의 결의문54이었습니다. 그러나 광범위한 탄압은 1938년에도 계속되었습니다.

바로 우리 당이 위대한 도덕적·정치적 힘을 가지고 있기 때문에 1937~1938년의 어려운 사건에 대처하고 견뎌내면서 새로운 간부요원들을 양성할 수 있었던 것입니다. 그러나 만약 1937~1938년의 근거 없고 정당치 못한 대규모 탄압으로 야기된 간부요원들의 엄청난 손실이 없었더라면, 우리의 사회주의를 향한 전진과 국가 방위 태세는 훨씬 더 성공적으로 이루어질 수 있었을 것이라는 점은 의심의 여지가 없습니다.

우리는 1937년의 퇴화된 현상들과 관련하여 예조프를 비난하며, 그런 비난은 올바른 것입니다. 그렇지만 이런 질문에 대답해야 합니다. 정말 예조프 자신이 스탈린 몰래, 예를 들자면 코시오르를 체포할 수 있었겠습니까? 이런 문제에 관한 정치국의 의견 교환 또는 결정이 있었습니까? 아닙니다, 없었습니다. 그런 것은 다른 유사한 사건에서도 없었습니다. 정말 예조프가 뛰어난 당 활동가의 운명을 좌지우지하는 그런 중요한 문제를 결정할 수 있었겠습니까? 아닙니다. 그것을 예조프의 전결 사안으로 생각한다면 순진한 것입니다. 그런 문제는 스탈린이 결정했으며, 그의 지시가 없었다면, 그의 승인이 없었다면 예조프는 그 무엇도 할 수가 없었을 것이라는 점은 명확합니다.

우리는 지금에야 조사하여 코시오르, 루주타크, 포스티세프, 코사료프 등을 복권시켜주었습니다. 그들은 어떤 근거로 체포되어 형을 선고받았을까요? 자료를 검토해보았더니 어떤 근거도 없었음이 드러났습니다. 그들은 다른 많은 사람들과 마찬가지로 검사의 승인도 받지 않고 체포되었습니다. 아니, 그 상황에서는 어떤 승인도 필요하지 않았습니다. 스탈린이 모든 것을 허락했는데 어떤 승인이 더 필요했겠습니까. 그는 이런 문제에서 주임 검사였습니다. 스탈린은 체포를 허락해주었을 뿐만 아니라 주도적으로 지시를 내리기도 했습니다. 본 대회의 대의원들이 완전히 이해할 수 있도록, 그리고 여러분들이 올바른 평가를 내리고 합당한 결론에 도달할 수 있도록 이에 대해 이야기하겠습니다.

이런 사실들에서 수많은 권력 남용이 스탈린의 지시에 따라 당 및 소련의 법적 규범을 전혀 고려하지 않은 채 행해졌다는 점을 알 수 있습니다. 스탈린은 병적으로 다른 사람을 믿지 못하는 매우 의심 많은 사람이었고, 우리는 그와 함께 일하면서 이를 확신하게 되었습니다. 그는 사람을 똑바로 보면서 "웬일인지 오늘 당신의 눈동자가 바삐 움직이는군요"라든가 "왜 당신은 오늘 자주 눈길을 피하고 눈을 똑바로 보지 못하는 것이오"라고 말하기도 했습니다. 그런 병적인 의심 때문에 그는 모든 사람을 싸잡아서 불신했는데, 이는 자신이 오랫동안 알고 지낸 당의 뛰어난 활동가들에 대해서도 마찬가지였습니다. 그는 어디에서나 '적', '양다리 걸친 자', '간첩' 등을 찾아냈습니다.

그는 무제한의 권력을 지닌 채 무자비한 독재를 자행했으며, 사람들을 도덕적으로 그리고 육체적으로 억눌렀습니다. 사람들이 자신의 의지를 내보일 수 없는 그런 상황이 형성되었습니다.

스탈린이 누군가를 체포해야 한다고 말하면, 그 사람을 '인민의 적'으로 믿고 받아들여야 했습니다. 그리고 국가 보안 기관을 지휘하던 베리야 일당은 체포된 사람들의 유죄와 자신들이 조작한 자료의 정당성을 입증하기 위해 필사적으로 노력했습니다. 그런데 어떤 증거가 이용되었을까요? 바로 체포된 사람들의 자백이었습니다. 그리고 조사관들이 그러한 '자백'을 얻어냈던 것입니다. 그렇다면 어떻게 사람들에게서 그들이 결코 저지른 적이 없는 범죄에 대한 자백을 받아낼 수 있었을까요? 그것은 오직 한 가지 수단, 즉 물리적인 제제 수단을 사용함으로써, 고문, 의식 상실, 판단력 파괴, 인간적 긍지의 파괴 등을 통해서였습니다. 그렇게 해서 허위 '자백'을 얻어냈던 것입니다.

1939년 대규모 탄압의 물결이 약해지기 시작했을 때, 지방 당 조직의 지도자들이 체포된 사람들에게 물리적 제재를 가한 책임을 내무 인민위원부 일꾼들에게 묻기 시작했을 때, 스탈린은 1939년 1월 10일에 지역위원회와 지방위원회의 서기들, 민족공산당의 중앙위원회, 내무 인민위원, 내무 인민위원부의 행정 책임자 등에게 암호 전보를 보냈습니다. 그 전보에는 이렇게 적혀 있었습니다.

> 전연방 공산당(볼셰비키) 중앙위원회는 물리적 제재의 사용이 전연방 공산당(볼셰비키) 중앙위원회의 허락을 받아

1937년부터 내무 인민위원부의 관행으로 허용되었다는 점을 분명히 한다…부르주아지의 모든 첩보 기관이 사회주의적 프롤레타리아트의 대표들에게 물리적 제재를 가하고 있으며, 그것도 가장 추악한 형태로 그렇게 하고 있다는 점은 잘 알려져 있다. 그런데 왜 사회주의자들의 첩보 기관은 부르주아지의 열성적인 앞잡이들, 노동자 계급과 집단 농장 농민의 용서받지 못할 적들을 더 인간적으로 대해야 하는지 의문이 든다. 전연방 공산당(볼셰비키) 중앙위원회는 앞으로도 물리적 제재 수단이 투쟁을 포기하지 않는 명백한 인민의 적들에게는 예외로서, 완전히 정당하고 적합한 수단으로 반드시 사용되어야 한다고 생각한다.

위에서 보여준 것처럼 스탈린은 이런 방식으로 사회주의적 준법성의 가장 난폭한 파괴, 즉 죄 없는 사람들의 거짓 고발과 거짓 자백을 초래했던 고문과 가혹 행위를 전연방 공산당(볼셰비키) 중앙위원회의 이름으로 승인했습니다.

이 전당대회가 열리기 불과 며칠 전에, 우리는 한때 코시오르, 추바르, 코사료프를 조사하고 심문했던 조사관 로도스B. V. Rodos[55]를 중앙위원회 간부회로 불러 심문했습니다. 그는 닭처럼 시야가 좁은 보잘것없는 사람이자 도덕적인 측면에서는 말 그대로 추잡한 괴물이었습니다. 바로 이런 사람이 유명한 당 활동가들의 운명을 좌우하고 그들의 '범죄 행위'를 입증함으로써 중대한 정치적 판단에 필요한 자료를 제공했기 때문에 그런 문제에 관한 정책을 결정지었던 것입니다.

정말 그러한 사람이 스스로, 자신의 이성으로 조사를 수행하여 코시오르 등과 같은 사람들의 죄를 입증할 수 있었는지 의문이 듭니다. 아닐 것입니다, 그는 적절한 지시가 없었다면 많은 일을 할 수 없었을 것입니다. 그는 중앙위원회 간부회에서 우리에게 이렇게 진술했습니다. "저는 코시오르와 추바르가 인민의 적이라고 들었습니다. 그래서 저는 조사관으로서 그들에게서 자신들이 [인민의] 적이라는 자백을 끌어내야 했습니다." (대회장 분노로 웅성거림)

그는 오직 장기간의 고문을 통해서만 그런 자백을 얻어낼 수 있었는데, 그것은 베리야의 상세한 지시가 있었기 때문입니다. 로도스가 중앙위원회 간부회에서 "저는 당이 맡긴 일을 수행하고 있다고 생각했다"고 냉소적으로 진술했음을 언급해야겠습니다. 수감자들에게 물리적인 제재 수단을 사용하라는 스탈린의 지시는 현실에서 바로 이렇게 실행되었던 것입니다.

이런, 그리고 이와 유사한 많은 사실은 당의 문제를 올바르게 해결하기 위한 모든 규범이 사라지고 모든 사람이 한 사람의 전횡에 굴복한 상태였음을 증언하고 있습니다.

*

　스탈린의 독재 권력은 대조국전쟁 기간에 특히 고통스러운 결과를 초래했습니다.

　만약 우리나라의 많은 소설, 영화, 역사 '연구서'들을 살펴본다면, 거기에는 스탈린이 조국전쟁에서 수행했던 역할 문제가 사실과 완전히 다르게 묘사되어 있습니다. 보통 이런 도식이 그려집니다. 스탈린은 모든 일을 예견했습니다. 소련 군대는 스탈린이 사전에 짜놓은 전략적 계획을 거의 그대로 따라서 이른바 '적극적 방어' 전술, 즉 널리 알려진 것처럼, 독일인들을 모스크바와 스탈린그라드까지 끌어들이는 전술을 전개했습니다. 그러한 전술을 구사한 다음, 소련 군대는 오직 스탈린의 천재성 덕분에 공격으로 전환하여 적을 격퇴했다는 것입니다. 소비에트 국가의 군부대와 우리의 영웅적인 인민이 거둔 전 세계적이고 역사적인 승리가 이런 종류의 소설, 영화, '연구서' 들에서는 전적으로 스탈린의 천재적인 지휘 덕분인 것으로 그려지고 있습니다.

　이 문제는 역사적일 뿐만 아니라 정치적이며 교육적이고 실제적이기도 한 엄청난 의미를 지니고 있기 때문에 신중하게 분석해보아야 합니다.

　이 문제에서 사실은 어떻습니까?

　전쟁 직전까지 우리나라의 언론과 모든 교육 사업에서는 자신만만한 어조가 지배적이었습니다. 만약 적이 성스러운 소련 땅을 공격해온다면 우리는 적의 공격에 대해 세 배의 공격력으로 대응할 것이고 전쟁을 상대방의 영토에서 치르며 적은 피로 전쟁에서 승리하게 되리라는 것입니다. 하지만 이런 선언적인 성명들은 우리나라 국경의 진정한 난공불락을 보장하기 위한 실제적인 사업들로 전혀 뒷받침되지 않았습니다.

전쟁 기간에 그리고 전쟁 이후에, 스탈린은 우리 국민이 전쟁 초기에 겪었던 비극이 마치 독일인들의 소련 침략이 '뜻밖이었기' 때문인 것처럼 주장했습니다. 하지만 동지 여러분, 이것은 정말 사실에 전혀 부합하지 않습니다. 히틀러는 독일에서 권력을 장악하자마자 곧바로 공산주의를 괴멸시키겠다는 과업을 내세웠습니다. 이에 대해 파시스트들은 솔직하게 자신들의 계획을 숨기지 않고 말했습니다. 이런 침략 계획을 실현하기 위해 모든 가능한 조약, 연합, 그리고 악명 높은 베를린-로마-도쿄 추축동맹56과 같은 동맹을 체결했습니다. 전쟁 이전의 수많은 사실은 히틀러가 자신의 모든 힘을 다해 소비에트 국가에 대한 전쟁을 일으키려 했으며, 탱크 군단을 포함한 많은 군단을 소련 국경선 부근으로 집결시켰다는 점을 웅변적으로 증명해주고 있습니다.

지금은 공개된 문서에 따르면, 처칠은 1941년 4월 3일에 소련 주재 영국 대사인 크립스R. S. Cripps 경을 통해 독일 군대가 소련 침략을 준비하기 위해 군부대를 재배치하기 시작했다고 스탈린에게 직접 경고했음이 분명합니다. 물론 처칠이 이렇게 한 것은 소련 국민에 대한 우호적인 감정 때문이 아니었습니다. 그는 여기에서 제국주의적인 이익을 추구하고자, 즉 독일과 소련을 피 흘리는 전쟁으로 몰아가서 영제국의 지위를 강화하고자 했던 것입니다. 그렇기는 하지만 처칠은 자신의 서한에서 '스탈린이 다가올 위험에 관심을 갖도록 그에게 경고할 것'을 요청한다는 지시를 내렸습니다. 처칠은 4월 18일자 및 그 이후의 전보들에서도 이것을 집요하게 강조했습니다. 그러나 스탈린은 이러한 경고를 주의 깊게 받아들이지 않았습니다. 게다가 스탈린은 이른바 군사 행동을 도발하지 않기 위해서는 그와 유사한 종류의 정보를 믿지 말라는 명령을 내렸습니다.

독일 군대가 소련 영토를 침범할 것이라는 임박한 위험에 대한 그런 종류의 정보가 우리의 군 및 외교계 소식통에서도 나왔지만, 그런 종류의 정보에 대한 편향된 태도가 지도부 내에 형성되어 있었기 때문에 그런 정보는 매번 조심스럽게 전달되었고 많은 유보 조건이 덧붙여졌다는 점을 말해야겠습니다.

예를 들자면, 베를린에서 보낸 1941년 5월 6일자 보고서에서 육해군 무관인 보론초프 Y. M. Vorontsov 대령은 이렇게 보고했습니다. "소련 시민 보제르는 히틀러 사령부의 어떤 독일 장교의 말에 따르면, 독일인들이 5월 14일에 맞춰 핀란드, 발트 해 연안, 라트비아 등을 거쳐 소련으로 쳐들어갈 준비를 하고 있다는 말을 들었다고 우리 해군 무관 보조에게 알렸습니다. 동시에 모스크바와 레닌그라드에 대한 강력한 공습과 국경 부근 중심지로의 낙하산 부대 투하가 예정되어 있습니다…."

1941년 5월 22일자 보고서에서 베를린의 육군 무관 보조인 흘로포프Khlopov는 "…독일 군대의 공격은 6월 15일로 정해진 듯하지만, 6월 초에 시작될 가능성도 있다"고 보고했습니다.

1941년 6월 18일 런던의 우리 대사관이 보낸 전보에는 이런 보고가 들어 있었습니다. "지금 이 순간에 크립스는 독일과 소련의 군사적 충돌이 불가피함을 굳게 확신하고 있습니다. 그것도 6월 중순 이전일 것이라고 말입니다. 크립스의 말에 따르면, 오늘 독일인들은 소련 국경에 (공군 및 보조군 부대를 포함하여) 147개 사단을 집결시켰습니다…."

이런 모든 극히 엄중한 경계 신호들에도 불구하고, 국가의 방어 태세를 잘 갖추어 기습 공격의 기회를 허용하지 않을 충분한 조치들은 취해지지 않았습니다.

우리는 이런 준비를 할 시간과 능력이 있었을까요? 그렇습니다. 그럴 시간도 있었고 그럴 능력도 있었습니다. 우리 산업은 소련 군대에 필요한 모든 것을 전부 제공할 수 있는 그런 수준까지 발전해 있었습니다. 이런 사실은 전쟁 중에 적들이 주요한 산업 및 곡물 생산 지역인 우크라이나, 북 카프카스, 서부 지역 등을 점령한 결과 우리나라 산업의 거의 절반을 상실했을 때 소련 국민은 동부 지역에서 군수물자의 생산을 조직하고 서부 산업 지역에서 빼내온 장비들을 거기에서 가동하여 적을 섬멸하기 위해 필요한 모든 것을 우리 군대에게 제공할 수 있었다는 점에서 확인됩니다.

만약 우리 산업이 군에 무기와 필요한 장비들을 제공할 수 있도록 제때 그리고 제대로 동원되었더라면, 우리는 그 힘든 전쟁에서 훨씬 적은 희생을 치렀을 것입니다. 그러나 그러한 동원은 제때 이루어지지 않았습니다. 그리고 전쟁 첫날부터 우리 군대의 무장이 형편없다는 점이, 우리는 적에게 반격할 수 있는 충분한 수의 대포, 탱크, 비행기를 갖고 있지 못하다는 점이 드러났습니다.

소련의 과학과 기술은 전쟁 전에 훌륭한 신형 탱크와 대포를 만들어냈습니다. 그러나 이 모든 것의 대규모 생산은 이루어지지 않았고, 우리는 사실상 전쟁 직전에서야 군의 재무장을 시작했습니다. 그 결과 적이 소련 영토를 공격하는 그 순간에, 우리는 이미 무장 해제시켜버린 옛 장비도, 그리고 도입하려고 했던 새 장비도 필요한 양만큼 지니지 못한 상태였습니다. 고사포는 상황이 매우 좋지 못했으며, 탱크에 맞서기 위한 대전차 포탄의 생산은 이루어지지 않았습니다. 많은 요새 지역은 옛 무기들을 거기에서 철거했지만 새 무기들은 아직 들여오지 않았기 때문에 공격받는 순간에 무력한 상태였습니다.

유감스럽게도 탱크, 대포, 비행기만 문제였던 것이 아닙니다. 전쟁 중에 우리는 현역군으로 징집된 사람들을 무장시킬 충분한 양의 소총도 없었습니다. 당시 제가 키예프에서 말렌코프 R. M. Malenkov[57] 동지에게 전화를 걸어 이렇게 말했던 것이 생각납니다. "많은 사람들이 군대에 들어와서 무기가 필요합니다. 우리에게 무기를 보내주시오." 이에 대해 말렌코프는 제게 이렇게 응답했습니다. "무기는 보내줄 수 없소. 모든 소총을 레닌그라드에 넘겨주었소. 당신들은 알아서 무장하시오."(대회장 내 동요)

무기 문제는 이런 상황이었습니다.

이와 관련하여, 예컨대 아래 사실을 잊어서는 안 됩니다. 히틀러의 군대가 소련을 공격하기 얼마 전에, 키예프 특별 군관구 사령관인 키르포노스 M. P. Kirponos(그는 나중에 전선에서 사망했습니다)는 스탈린에게 독일 군대가 부그 강 가까이에 와서 열심히 공격 준비를 하고 있으며 가까운 시일에 공세로 전환할 것 같다는 편지를 썼습니다. 이 모든 것을 고려하여 키르포노스는 확실한 방어선을 조직할 것, 국경 주변 지역에서 약 30만 명의 주민을 소개할 것, 그리고 거기에 탱크를 저지할 도랑을 파고 병사들을 위한 엄폐물을 설치할 것, 몇몇 강력한 요새 지대를 만들 것 등을 제안했습니다.

이런 제안에 대해 모스크바는 그것은 조작된 도발이며 국경에서 어떤 준비 작업도 해서는 안 되며 독일군이 우리에 대한 군사 행동을 개시할 명분을 줘서는 안 된다는 답변을 보냈습니다. 그래서 우리나라 국경은 정말로 적을 격퇴할 준비가 되어 있지 않았습니다.

파시스트 군대가 이미 소련 땅으로 쳐들어와서 군사 행동을 시작했을 때, 사격에 대응하지 말라는 명령이 모스크바에서 계속 내려왔습니다. 무엇 때문이었을까요? 그것은 스탈린이 명백한 사실에도 불구하고, 이것은 아직 전쟁이 아니라 독일군 내의 규율 잡혀 있지 않은 몇몇 부대의 도발이라고, 만약 우리가 독일군에 대응한다면 그것은 전쟁 개시를 위한 명분이 될 것이라고 생각했기 때문입니다.

이런 사실도 잘 알려져 있습니다. 히틀러의 군대가 소련 영토에 쳐들어오기 직전에 어떤 독일인이 우리 국경을 넘어와서는 독일군 부대가 6월 22일 새벽 3시에 소련을 공격하라는 명령을 받았다고 알려주었습니다. 이는 즉각 스탈린에게 알려졌지만, 이런 경계경보도 관심을 끌지 못했습니다.

보시다시피 모든 것, 몇몇 군사령관의 경고도, 투항자들의 증언도, 심지어는 적의 분명한 행동도 무시되었습니다. 어떻게 이것이 그런 중대한 역사적 순간에 당과 국가의 지도자가 보여줄 통찰력이란 말입니까?

그런데 그런 부주의와 그런 명백한 사실의 무시는 어떤 결과를 초래했습니까? 그것은 처음 몇 날과 몇 시간 동안에 적들이 우리 국경 지역에서 엄청난 양의 비행기, 대포, 그리고 다른 군사 장비를 파괴하고 우리 군 간부의 다수를 죽이며 군 지휘부를 와해시키는 결과들을 초래했고, 우리는 그들이 우리나라 깊숙이 쳐들어오는 통로를 차단할 수 없었습니다.

1937~1941년 사이에 스탈린의 의심 때문에 군의 지휘관 및 정치부 직원 중 수많은 핵심 요원이 중상모략적인 비난을 받아 괴멸되었던 상황 또한 특히 전쟁 초기에 심각한 결과를 낳았습니다. 이 기간 동안에 몇몇 군 간부 계층은 중대 및 대대에서 시작하여 군의 고위 기관에 이르기까지 탄압을 받았는데, 이때 에스파냐와 극동 지역에서 어느 정도 전쟁 수행 경험을 쌓았던 군 간부들이 거의 모두 제거되었습니다.

군 간부들에 대한 대규모 탄압 정책은 몇 년 동안 모든 계급의 지휘관과 심지어 당 및 공산청년동맹의 세포 조직에 소속된 병사들에게 자신들의 상관을 가면 쓴 적으로 '폭로하도록' 가르침으로써 군 기강의 토대를 무 뜨리는 또 다른 심각한 결과를 낳았습니다. (대회장 내 동요) 당연하게도 이것은 전쟁 초기 군의 기강에 부정적인 영향을 미쳤습니다.

그런데 전쟁 전에도 정말 우리나라에는 조국과 당에 전적으로 헌신하는 아주 뛰어난 군 간부들이 있었습니다. 그들 중 갇혀 있던 사람들은, 로코소프스키K. K. Rokossovsky(그는 감옥에 갇힌 적이 있습니다),[58] 고르바토프A. V. Gorbatov,[59] 메레츠코프 K. V. Meretskov(그는 본 전당대회에 참석했습니다),[60] 포들라스 K. P. Podlas[61](이 사람은 뛰어난 지휘관이었는데 전선에서 죽었습니다)를 비롯한 다른 많은 동지들을 말하는 것인데, 자신들이 감옥에서 겪은 심한 고난에도 불구하고 전쟁 초기부터 자신들이 진정한 애국자임을 입증했고 조국의 영광을 위해 헌신적으로 싸웠다는 점을 말하는 것으로 충분합니다. 하지만 그런 지휘관들 중 정말 많은 사람이 수용소와 감옥에서 죽어버려서 군은 그들을 볼 수 없었습니다.

이 모든 것이 합쳐져서 전쟁 초에 우리나라에 형성되었고 우리 조국의 운명을 가장 크게 위협했던 상황을 초래했습니다.

스탈린이 전선에서 초기의 심각한 실패와 패배를 겪은 후 모든 것이 끝났다고 생각했음을 언급하지 않는다면 잘못일 것입니다. 그 당시 어떤 대화에서 그는 이렇게 말했습니다. "레닌이 이루어놓은 모든 것을 우리가 완전히 잃어버렸다."

그 이후에 스탈린은 실제로 오랫동안 군사 작전을 지휘하지 않았고, 업무도 전혀 보지 않았으며, 몇몇 정치국 위원이 그에게 가서 지금 당장 전선 상황을 바로잡기 위한 특정 조치를 취해야 한다고 말했을 때에야 지도부에 복귀했습니다. 이렇듯 전쟁 초기에 우리 조국이 직면했던 무서운 위험은 많은 점에서 나라와 당을 이끌던 스탈린 자신의 잘못된 지도 방식의 결과였던 것입니다.

그러나 문제는 우리 군을 심각하게 와해시키고 우리나라

에 큰 손해를 입혔던 전쟁 발발 순간에만 있었던 것이 아닙니다. 스탈린이 전쟁 발발 후에 군사 작전에 개입하면서 보여준 신경질과 히스테리는 우리 군대에 심각한 손실을 가져왔습니다.

스탈린은 전선에서 벌어지는 실제 상황을 전혀 이해하지 못했습니다. 그는 전선 상황이 안정되었을 때 모쟈이스크 포장도로를 번개처럼 다녀온 것을 제외하고 대조국전쟁 시기 전체에 걸쳐 전선의 어떤 지역, 어떤 해방된 도시도 가본 적이 없었기 때문에 이것은 당연한 일입니다. 물론 스탈린의 모쟈이스크 방문은 온갖 종류의 상상을 담은 그렇게도 많은 문학 작품과 그렇게도 많은 인상적인 그림에 그려져 있습니다. 그와 동시에 스탈린은 직접 작전에 개입하여 종종 해당 전선 구역의 실제 상황을 고려하지 않은, 그래서 엄청난 인명 피해를 야기할 수밖에 없는 명령들을 내렸습니다.

이와 관련하여 저는 스탈린이 어떻게 전선을 지휘했는가를 보여주는 특징적인 사실을 하나 인용하고자 합니다. 여기 본 전당대회에는 한때 남서부 전선 사령부 작전부장이었고 그래서 지금 제가 여러분에게 말하려는 사실을 확인해줄 수 있는 바그라먄I. Kh. Bagramian 원수[62]가 참석해 있습니다.

1942년 하르코프 지역에서 우리 군대가 극히 힘든 상황에 처했을 때, 우리는 당시의 실제 상황에서 그런 종류의 작전을 계속 수행한다면 우리 군에 치명적인 결과를 초래할 수도 있었기 때문에 하르코프 포위 작전을 중지한다는 올바른 결정을 내렸습니다.

우리는 이를 스탈린에게 보고하면서 현 상황에서 대규모의 우리 군 부대가 적군에게 괴멸당하지 않기 위해서는 작전 계획을 변경해야 한다고 말했습니다.

저는 바실레프스키A. M. Vasilevsky[63]에게 전화를 걸어 간곡히 부탁했습니다.

저는 이렇게 말했습니다. "알렉산드르 미하일로비치(바실레프스키 동지는 지금 여기에 참석하고 있습니다), 지도를 가져와서 어떤 상황인지 스탈린 동지에게 보여주시오." 그런데 스탈린은 지구본을 보면서 작전을 짰다는 점을 말해야겠군요. (대회장 내 활기찬 움직임) 그렇습니다, 동지들. 바실레프스키 동지는 지구본을 가지고 와서 그 위에 있는 전선을 스탈린에게 보여주었습니다. 그러고 나서 저는 바실레프스키에게 말했습니다. "지도 위의 상황을 보여주십시오. 이런 상황에서 이전에 계획된 작전을 계속해서는 안 됩니다. 일이 잘 되기 위해서는 이전의 결정을 바꿔야 합니다."

이에 대해 바실레프스키는 스탈린이 그 문제를 이미 검토했고, 스탈린이 그 작전에 대해서는 어떤 논거도 들으려 하지 않기 때문에 그는, 즉 바실레프스키는 더 이상 스탈린에게 가서 보고할 수 없다고 대답했습니다.

저는 바실레프스키와 대화한 후에 스탈린의 별장으로 전

화를 걸었습니다. 그러나 스탈린은 전화를 받지 않았고 말렌코프가 수화기를 들었습니다. 저는 전선에서 전화를 걸고 있으며 스탈린과 직접 통화하고 싶다고 말렌코프 동지에게 말했습니다. 스탈린은 말렌코프를 통해 저에게 말렌코프와 이야기하라고 말했습니다. 저는 우리 전선에서 발생한 어려운 상황에 대해 스탈린에게 직접 보고하고 싶다고 반복해서 말했습니다. 하지만 스탈린은 비록 몇 걸음이면 전화기까지 올 수 있었겠지만 수화기를 들 필요가 없다고 생각했고, 말렌코프를 통해서 이야기하라고 다시 확실하게 말했습니다.

그런 방식으로 우리의 요청을 '다 들은 후'에 스탈린은 이렇게 말했습니다. "모든 것을 그대로 놔둬라!"

그 결과 어떤 일이 일어났습니까? 우리가 예상했던 것 중에 가장 나쁜 일이 일어났습니다. 독일군은 우리 집단군을 포위하게 되었고, 그 결과 우리는 수 만 명의 아군을 잃었습니다. 이것이 바로 스탈린의 군사적 '천재성'이며 이것이 바로 그것 때문에 우리가 지불해야 했던 대가입니다. (대회장 내 동요)

한번은 전쟁 후에 스탈린이 정치국 위원들을 만나는 자리에서, 어쩌다가 아나스타스 이바노비치 미코얀A. I. Mikoian[64]은 흐루시초프가 하르코프 작전에 관해 전화했을 때 그가 옳았다고, 그때 그의 의견은 부당하게도 지지를 받지 못했다고 말했다고 합니다.

스탈린이 얼마나 화를 냈는지 봤어야 합니다! 어떻게 그가, 스탈린이 그때 틀렸다고 인정한단 말입니까! 진정 그는 '천재'이고, 천재는 틀릴 수가 없습니다. 누가 되었든 사람은 모두 실수할 수 있으나 스탈린은 자신이 결코 실수하지 않는다고, 자신이 항상 옳다고 생각했습니다. 그래서 스탈린은 이론적인 문제에서 그리고 실제 활동에서 적지 않은 실수를 저질렀지만 크든 작든 자신의 어떤 실수를 그 누구에게도 결코 인정한 적이 없었습니다. 전당대회 이후에 우리는 반드시 많은 군사 작전에 대한 평가를 재검토하여 올바르게 설명해야 할 것 같습니다.

우리는 적군을 저지하고 공세로 전환하는 데 성공한 이후에도 스탈린이 군사 작전의 본질도 알지 못하면서 주장한 전술 때문에 많은 피를 흘렸습니다.

군인들이 알고 있듯이, 이미 1941년 말부터 스탈린은 측면이나 후방에서 적을 우회하는 대규모 기동 작전을 수행하는 대신에, 마을을 하나하나 빼앗기 위한 계속적인 정면 공격을 요구했습니다. 그리고 그것 때문에 우리가 엄청난 피해를 입은 후에야, 전쟁 수행의 모든 부담을 자신들의 어깨 위에 지고 있었던 장군들은 상황을 변화시켜 유연한 기동 작전을 수행할 수 있게 되었고 그것은 곧바로 전선 상황을 우리에게 유리하도록 크게 변화시켰습니다.

더욱 수치스럽고 부도덕한 것은 우리가 매우 비싼 대가를 치르고 적들에게 위대한 승리를 거두게 되자 스탈린은 전선에서 이뤄진 업적이 자기 이외의 다른 사람에게 돌려질 가능성을 전혀 용납할 수 없었기 때문에 적에 대한 승리에 적지 않게 기여한 많은 지휘관을 공격하기 시작했다는 사실입니다.

스탈린은 군 지휘관로서의 주코프G. K. Zhukov[65] 동지에 대한 평가에 큰 관심을 보였습니다. 그가 여러 차례 주코프에 대한 제 견해를 물어서 저는 그에게 이렇게 말했습니다.

"주코프를 오래전부터 알고 있는데, 그는 좋은 장군, 좋은 사령관입니다."

전후에 스탈린은 주코프에 대한 근거 없는 온갖 소문을 이야기하기 시작했고, 특히 그는 제게 이렇게 말했습니다.

"바로 당신이 주코프를 칭찬했지만, 사실 그는 그럴 만한 인물이 못 되네. 주코프는 전선에서 어떤 작전을 수행하기 전에 이렇게 행동했다고 하더군. 그는 흙 한줌을 집어 들고 냄새를 맡은 후 '공격을 시작할 수 있다'거나, 아니면 거꾸로 '계획된 작전을 실행해서는 안 된다'고 말하곤 했다더군."

그때 저는 그 말에 대해 이렇게 대답했습니다.

"누가 지어냈는지 모르겠지만 스탈린 동지, 그것은 사실이 아닙니다."

아마도 스탈린 자신이 주코프 원수의 역할과 군사적 능력을 폄하하기 위해 그런 것들을 지어냈던 것 같습니다.

이와 관련하여 스탈린은 위대한 지휘관으로서 자신을 알

리는 데 매우 열심이었고, 모든 수단을 다해서 사람들의 의식 속에 이런 속설을, 즉 대조국전쟁 때 소련 국민이 거둔 모든 승리가 오직 한 사람 스탈린의 용기와 대담성, 천재성의 결과였다는 속설을 심었습니다. 쿠지마 크류치코프Kuz'ma Kriuchkov[66]처럼 그는 창으로 일곱 사람을 한꺼번에 들어 올렸습니다. (대회장 내 활기찬 움직임)

실제로 우리나라의 역사, 전쟁 영화들 혹은 읽기 역겨운 몇몇 문학 작품을 살펴보십시오. 정말 이것들은 모두 스탈린을 천재적인 지휘관으로 찬양하는 바로 그런 속설을 선전하기 위한 것들입니다. 〈베를린 함락〉이라는 영화를 떠올려봅시다. 거기에는 스탈린 한 사람만 행동합니다. 그는 의자들이 비어 있는 회의장에서 지시를 내리고 딱 한 사람만 그에게 다가가 무엇인가를 보고하는데, 그 사람은 그의 변함없는 수행원인 포스크레븨셰프A. N. Poskrebyshev[67]였습니다. (대회장 내 웃음)

그런데 군 지휘부는 도대체 어디로 갔습니까? 정치국은 도대체 어디로 갔습니까? 정부는? 그들은 무엇을 하고 있으며, 무엇에 관심을 갖고 있습니까? 이것은 그 영화에 존재하지 않습니다. 스탈린은 그 누구도 고려하지 않고 그 누구와도 의논하지 않은 채 혼자서 모든 사람을 대신해서 행동합니다. 이렇게 왜곡된 형태로 이 모든 것을 국민에게 보여줍니다. 무엇 때문에? 스탈린을 위대하게 만들기 위한 것이지만, 이 모든 것은 사실과 상반되며, 역사적 진실과도 상반됩니다.

그렇다면 전쟁의 모든 부담을 자신의 어깨에 짊어졌던 우리 군인들은 어디에 있는지 궁금합니다. 그들은 그 영화에 존재하지도 않으며, 스탈린 뒤에는 그들을 위한 자리가 전혀 남아 있지 않았습니다.

스탈린이 아니라 당 전체, 소련 정부, 우리의 영웅적인 군대, 재능 있는 군사령관들과 용맹스러운 군인들, 소련의 모든 국민, 바로 이들이 대조국전쟁의 승리를 확보했던 것입니다. (계속되는 열렬한 박수)

당 중앙위원회 위원, 장관, 우리 경제인, 소련의 문화예술인, 지방의 당 및 소비에트 조직의 지도자, 엔지니어와 기술자 등, 이 모든 사람이 자기 자리를 지켰고, 적에 대한 승리를 확보하기 위해 자신의 힘과 지식을 헌신적으로 바쳤습니다.

우리 후방, 즉 당 조직의 지도 아래 엄청난 고난과 전시의 곤궁을 이겨내면서 조국 수호의 대의에 자신의 모든 힘을 바친 명예로운 노동 계급, 우리의 집단 농장 농민, 소련의 인텔리젠치아 등이 남달리 뛰어난 영웅주의를 발휘했습니다.

소련 여성들은 전쟁 때 정말 위대한 과업을 수행했는데, 이들은 공장과 집단 농장에서, 그리고 다양한 경제 및 문화 분야에서 엄청난 부담의 생산 작업을 자신의 어깨에 짊어졌습니다. 많은 여성이 대조국전쟁의 전선에 직접적으로 참여했으며, 우리의 용감한 젊은이들은 전선과 후방의 모든 분야에서 소비에트 조국의 수호라는 대의에, 적의 분쇄라는 대의에 매우 귀중한 기여를 했습니다.

모든 계급의 소련 병사들, 우리 군 사령관들과 정치부 요원들의 업적은 영원할 것입니다. 이들은 전쟁 초기의 몇 달 사이에 상당히 많은 군부대를 잃었지만 당황하지 않고 계속 재조직했고, 전쟁 중에 강력하고도 영웅적인 군대를 만들고 단련시켜서 강력하면서도 교활한 적의 공격을 격퇴했을 뿐 아니라 적을 분쇄할 수 있었습니다.

대조국전쟁을 통해서, 동서양의 수억 명의 사람들이 직면한 파시즘적 예속 상태의 위험에서 벗어날 수 있게 했던 소련 국민의 위대한 업적은 이에 감사하는 인류의 기억 속에 수백, 수천 년 동안 살아 있을 것입니다. (열렬한 박수)

우리 공산당, 소련의 군대, 당이 길러낸 수백, 수천만의 소련 사람이 전쟁을 승리로 끝내는 데 주된 역할과 주된 기여를 했던 것입니다. (계속되는 열렬한 박수)

*

동지 여러분! 다른 몇몇 사실을 살펴봅시다. 소련은 당연하게도 다민족 국가의 모범으로 간주되고 있는데, 그것은 우리 위대한 조국에서 살고 있는 모든 민족의 권리 평등과 우애가 실제로 보장되기 때문입니다.

이런 점 때문에 스탈린이 주도했던, 그리고 우리 소비에트 국가의 민족 정책에 관한 레닌의 기본 원칙을 거칠게 짓밟았던 행위는 더욱 경악스러운 것입니다. 지금 저는 모든 공산당원과 공산청년동맹원을 포함하여 어떤 예외도 허용하지 않은 채 여러 민족 전체를 그들의 고향에서 내몰았던 대규모 추방에 관해 언급하고 있습니다. 게다가 그런 종류의 추방은 어떤 군사적 고려 때문에 이루어진 것이 결코 아니었습니다.

그래서 이미 1943년 말, 대조국전쟁의 전선에서 소련에 유리하도록 전세의 변화가 확실해졌을 때, 모든 카라차이인[68]을 그들이 살던 영토에서 추방한다는 결정이 채택되어 실행되었습니다. 같은 시기인 1943년 12월 말에 칼믹키야[69] 자치공화국의 모든 주민도 똑같은 운명에 처했습니다. 1944년 3월에는 체첸인과 잉구슈인[70]이 자신들의 고향에서 쫓겨났으며 체체노-잉구세티야 자치공화국은 없어졌습니다. 1944년 4월 모든 발카르인[71]은 카바르디노[72]-발카리야 자치공화국의 영토에서 먼 지역으로 추방되었고, 그 자치공화국의 이름은 카바르다 자치공화국으로 바뀌었습니다. 우크라이나인들은 그런 운명을 피했는데, 그들의 수가 너무 많아서 내쫓을 곳을 찾지 못했기 때문입니다. 그렇지 않았다면 스탈린은 그들도 추방했을 것입니다. (대회장 내 웃음, 활기)

마르크스-레닌주의자뿐만 아니라 건전한 상식을 지닌 인간이라면 특정 개인 또는 집단의 적대적 행위에 대한 책임을 여성, 아이, 노인, 공산당원, 공산청년동맹원 등을 포함한 여러 민족 전체에 지워서 그들을 대규모로 탄압하고 궁핍과 고통에 시달리게 할 수 있다는 명제는 결코 생각해내지 못했을 것입니다.

조국전쟁이 끝난 후에 소련 국민은 커다란 희생과 믿기 어려운 노력의 대가로 얻어낸 영광스러운 승리를 자랑스러워했습니다. 우리나라는 정치적인 고양을 경험했습니다. 당은 전쟁이 끝났을 때 더욱 단합된 상태였고, 당 간부들은 전쟁의 불길 속에서 단련되었습니다. 이런 상황에서 당 내에 어떤 음모가 진행될 수 있을 것이라는 생각은 그 누구도 할 수 없었습니다.

그런데 바로 이 시기에 이른바 '레닌그라드 사건'[73]이 갑자기 발생했습니다. 오늘날 이미 증명되었듯이, 이 사건은 조작된 것이었습니다. 보즈네센스키N. A. Voznesensky,[74] 쿠즈네초프A. A. Kuznetsov,[75] 로디오노프M. I. Rodionov,[76] 포프코프P. S. Popkov[77] 등의 동지들이 무고하게 죽었습니다.

아시다시피, 보즈네센스키와 쿠즈네초프는 뛰어나고 능력 있는 일꾼이었습니다. 한때 그들은 스탈린과 가까웠습니다. 이는 스탈린이 보즈네센스키를 국무회의 제1부의장으로 승진시켰고 쿠즈네초프는 중앙위원회 서기로 선출되었다는 점을 언급하면 충분합니다. 스탈린이 쿠즈네초프에게 국가보안 기구들에 대한 감독을 맡겼다는 사실 하나만으로도 쿠즈네초프가 어느 정도 신뢰를 받았는지가 분명해집니다.

도대체 어떻게 이런 사람들이 인민의 적으로 비난받고 제거되는 일이 일어났던 것일까요?

여러 사실은 '레닌그라드 사건' 역시, 스탈린이 당 간부들에게 행사했던 전횡의 결과였음을 보여줍니다.

만약 당 중앙위원회가, 중앙위원회 정치국이, 지금의 당 상황처럼 그런 문제를 논의하고 모든 사실을 고려할 수 있는 정상적인 상황에 있었다면 이런 사건은 일어나지 않았을 것이고, 마찬가지로 다른 유사한 사건들도 일어나지 않았을 것입니다.

전후 시기에 상황은 훨씬 더 복잡했다는 점을 언급해야 합니다. 스탈린은 점점 더 변덕스러워졌고 조급해졌으며 거칠어졌고, 의심은 특히 커졌습니다. 그의 피해망상증은 믿을 수 없을 정도로 심해졌습니다. 많은 일꾼이 그의 눈에는 적으로 보였습니다. 전후에 스탈린은 동료들과 더욱 높은 담을 쌓았고, 그 누구도, 그리고 그 무엇도 존중하지 않으면서 오직 혼자서 행동했습니다.

추악한 관제 선동가이자 비열한 적인 베리야가 스탈린의 믿기 어려울 정도로 심한 의심을 교묘하게 이용하여 수천 명의 공산당원과 정직한 소련 사람을 살해했습니다. 보즈네센스키와 쿠즈네초프의 출세는 베리야를 위협했습니다. 오늘날 밝혀진 바에 의하면, 스탈린에게 신고와 익명의 편지, 다양한 소문과 풍문의 형태로 자신과 부하들이 요리한 자료를 '던져준' 사람은 다름 아닌 베리야였습니다.

당 중앙위원회는 이른바 '레닌그라드 사건'을 재조사했고, 무고하게 고통을 받았던 사람들은 이제 복권이 되었으며, 영광스러운 레닌그라드 당 조직의 명예는 회복되었습니다. 이 사건을 조작한 아바쿠모프V. S. Abakumov[78] 등은 법정에 넘겨져 레닌그라드에서 재판을 받고 합당한 처벌을 받았습니다.

이런 의문이 제기될 것입니다. 왜 우리는 무고한 사람의 죽음을 막기 위해 좀 더 일찍, 즉 스탈린 생전에 이런 사건을 밝히지 못하고 지금에야 하는 것인가? 그것은 스탈린이 직접 '레닌그라드 사건'의 처리 방향을 지시했고 그 당시 정치국 위원 다수가 이 사건의 모든 상황을 알지 못했기 때문에 당연하게도 개입할 수 없었습니다.

스탈린은 베리야와 아바쿠모프에게서 몇몇 자료를 얻자마자 이 위조문서들의 본질을 파악하지 못한 채, 보즈네센스키와 쿠즈네초프의 '사건'을 조사하라는 명령을 내렸습니다. 그리고 이것으로 이미 그들의 운명은 결정되었던 것입니다.

이런 측면에서는 그루지야에서 존재했다고 하는 밍그렐 민족주의자 조직 사건이 교훈적입니다. 이 문제에 대해서는, 아시다시피, 1951년 11월과 1952년 3월에 소련 공산당 중앙위원회의 결의문[79]이 채택되었습니다. 이 결의문은 정치국에서 논의하지 않은 채 채택되었는데, 스탈린 자신이 이 결의문을 구술했습니다. 이 결의문에는 수많은 정직한 공산주의자에 대한 심각한 비난이 담겨 있었습니다. 거짓 자료에 근거하여, 제국주의 국가들의 도움을 받아 그루지야의 소비에트 권력을 무 뜨리는 것을 목적으로 삼은 민족주의자 조직이 그루지야에 있다고 주장했습니다.

이와 관련하여 그루지야의 당과 소비에트의 여러 중요한 일꾼들이 체포되었습니다. 나중에 확인된 바대로, 이것은 그루지야 공산당 조직에 대한 중상모략이었습니다.

우리는 다른 여러 공화국에서와 마찬가지로 그루지야에서도 지역적인 부르주아적 민족주의가 등장했다는 점을 알고 있습니다. 이런 의문이 떠오릅니다. 정말로 그때, 위에서 언급한 결의문이 채택되었던 그 시기에, 혹시 그루지야가 소련에서 벗어나 터키 국가로 넘어갈 위험이 제기될 정도로까지 민족주의적 경향이 성장했던 것은 아닐까요? (대회장 내 활기, 웃음)

그것은 당연히 말도 안 되는 소리입니다. 어떻게 그런 가정을 떠올릴 수 있었는지 이해하기조차 힘듭니다. 그루지야가 소비에트 정권 시기에 경제적·문화적으로 얼마나 발전했는지는 잘 알려져 있습니다.

그루지야 공화국의 공업 생산량은 혁명 전보다 27배 증가했습니다. 이 공화국에서는 혁명 전에는 존재하지도 않았던 제철공업, 석유공업, 기계 제작 등의 많은 공업 분야가 새롭게 생겨났습니다. 주민의 문맹 상태는 이미 오래전에 청산되었는데, 혁명 이전의 그루지야에서는 문맹률이 78퍼센트에 이르렀습니다.

그루지야 공화국의 상황과 터키 근로 대중의 힘든 상황을 비교했을 때, 그루지야인들이 정말 터키와의 합병을 추구했겠습니까? 1955년에 터키의 강철 제련량은 주민 일인당 그루지야의 18분의 1이었습니다. 전력은 그루지야에서 터키에 비해 주민 일인당 9배나 많은 양을 생산했습니다. 1950년의 인구조사에 의하면, 터키 주민의 약 65퍼센트, 그리고 여성의 경우 80퍼센트가 문맹이었습니다. 그루지야에는 고등 교육 기관이 19개 있었고, 그곳에서 약 3만 9,000명의 학생이 배우고 있었는데, 이는 터키보다 (인구 1,000명당) 8배가 많은 것이었습니다. 그루지야에서 근로 대중의 물질적 복지는 소비에트 정권 시기에 크게 향상되었습니다.

그루지야에서 경제와 문화가 발전하고 근로 대중의 사회주의 의식이 성장함에 따라 부르주아 민족주의가 자라날 토대가 점차 사라진다는 것은 명백합니다.

그리고 실제로 밝혀진 것처럼 그루지야에는 어떤 민족주의자 조직도 없었습니다. 아무 죄도 없었던 수천 명의 소련 사람이 전횡과 불법 행위의 희생자가 되었습니다. 그리고 이 모든 것은, 그루지야인들이 그 동향인을 가리켜 즐겨 불렀듯이, '그루지야 민족의 위대한 아들', 즉 스탈린의 '천재적인'

지도 아래 일어났습니다. (대회장 내 동요)

스탈린의 전횡은 국내 문제를 결정할 때뿐만 아니라 소련의 국제 관계 분야에서도 나타났습니다.

중앙위원회의 7월 전체회의[80]에서는 유고슬라비아와의 갈등이 발생했던 원인에 대해 상세히 논의했습니다. 이때 스탈린의 정말 꼴사나운 역할이 지적되었습니다. '유고슬라비아 사건'에는 동지적인 당내 논의를 통해 결정해서는 안 될 문제가 전혀 없었습니다. 이 사건이 발생할 어떤 중요한 이유도 없었으며, 그 나라와의 관계 단절을 피할 가능성도 충분히 있었습니다. 그러나 이것이 유고슬라비아 지도부가 어떤 실수나 잘못도 하지 않았다는 의미는 아닙니다. 하지만 이런 실수와 잘못을 스탈린이 터무니없이 과장했고, 그 결과 우리에게 우호적인 그 나라와의 관계가 단절되었습니다.

소련과 유고슬라비아 사이의 갈등이 인위적으로 부풀려지기 시작했던 초기의 며칠이 기억납니다. 한번은 제가 키예프에서 모스크바로 갔을 때 스탈린은 저를 자기 집에 초대하여 얼마 전에 티토J. B. Tito[81]에게 보낸 편지의 복사본을 가리키면서 물었습니다.

"읽어보았나?"

그리고 대답을 기다리지 않고 말했습니다.

"내가 이렇게 새끼손가락만 가볍게 튕겨도 티토는 없어지는 거야. 날아가는 거지…."

그렇게 '새끼손가락을 가볍게 튕기는 것' 때문에 우리는 비싼 대가를 치렀습니다. 그런 발언은 스탈린의 과대망상증을 나타낸 것이었고, 정말 그는 그렇게 행동했습니다. '새끼손가락을 가볍게 튕기면 코시오르가 없어지고, 새끼손가락을 다시 한번 가볍게 튕기면 벌써 포스티셰프와 추바르가 없어지고, 새끼손가락을 다시 가볍게 튕기면 보즈네센스키, 쿠즈네초프 등 다른 많은 사람들이 사라진다.'

그러나 티토는 그렇게 되지 않았습니다. 스탈린이 새끼손가락뿐만 아니라 튕길 수 있었던 모든 손가락을 튕겨도 티토는 날아가지 않았습니다. 왜인가? 그것은 유고슬라비아 동지들과의 논쟁에서 티토의 뒤에는 한 국가가 있었고, 자유와 독립을 위한 투쟁이라는 혹독한 시련을 겪었던 국민, 자기 지도자들을 지지하는 국민이 있었기 때문입니다.

바로 이것이 스탈린의 과대망상증이 초래한 결과입니다. 그는 국내의 개인적인 관계에서뿐만 아니라 모든 당 및 국가들과의 관계에서도 현실 감각을 완전히 상실했고, 의심과 오만함을 드러냈습니다.

오늘날 우리는 유고슬라비아 문제를 주의 깊게 분석하여 올바른 해결책을 찾았으며 그 해결책은 소련 국민과 유고슬라비아 국민에게, 그리고 모든 인민민주주의 국가의 근로 대중과 인류의 모든 진보 세력에게도 역시 인정을 받았습니다. 유고슬라비아와의 비정상적인 관계의 청산은 모든 사회주의 진영의 이익과 전 세계 평화의 강화를 위해 실현된 것입니다.

'의사-반역자 사건'[82]을 또한 떠올려보십시오. (대회장 내 동요) 의사인 티마슈크L. F. Timashuk가, 아마도 누군가의 영향 아래 또는 지시에 따라(정말 그녀는 국가 보안 기관의 은밀한 협력자였습니다) 스탈린에게 편지를 써서 의사들이 마치 잘못된 치료 방법을 사용하는 것처럼 말했던 것 이외에는 사실 어떤 '사건'도 없었습니다.

스탈린에게 그런 편지가 도착한 것으로 충분했습니다. 스탈린은 곧바로 소련 내에 의사-반역자들이 있다는 결론을 내렸고, 소련 의학계의 뛰어난 전문가 집단을 체포하라는 명령을 내렸습니다. 그는 어떻게 수사를 하고, 체포된 의사들을 어떻게 심문할 것인지 직접 명령을 내리곤 했습니다. 그는 학술원 회원인 비노그라도프I. M. Vinogradov에게 수갑을 채우라고, 그리고 누군가를 때리라고 말했습니다. 지금 여기에는 이전에 국가보안부 장관이었던 이그나트예프S. D. Ignat'ev[83] 동지가 전당대회 대표로 참석하고 있습니다. 스탈린은 그에게 직접 말했습니다. "만약 의사들의 자백을 받아내지 못한다면, 너희들 목이 날아갈 것이다." (대회장 내 분노로 웅성거림)

스탈린은 조사관을 직접 불러서 그를 가르치고 조사 방법을 지시했는데, 그 방법들은 똑같은 것, 즉 때리고 때리고 또

때리는 것이었습니다.

의사들이 체포되고 얼마 후에 정치국 위원인 우리는 의사들의 자백서를 포함한 조사 기록을 받았습니다. 스탈린은 이 조사 기록을 나눠준 후에 우리에게 말했습니다. "이 새끼들아, 너희는 눈이 멀었다. 내가 없으면 어떻게 될까. 너희가 적을 구분할 줄도 몰라서 이 나라는 망하게 될 것이다."

그 사건은 그 누구도 수사의 근거가 된 사실들을 확인할 수 없는 방식으로 제시되었습니다. 그런 자백을 했던 사람들과 만나서 사실을 확인할 수도 없었습니다.

하지만 우리는 의사들의 체포 사건, 이것은 깨끗하지 못한 사건이라고 느꼈습니다. 우리는 그 사람들 중 다수를 개인적으로 알고 있었고, 그들은 우리를 치료했었습니다. 그리고 스탈린이 죽은 후에 우리는 이 '사건'이 어떻게 만들어졌는지 살펴보고서야 그것이 처음부터 끝까지 거짓이었음을 알게 되었습니다.

이 수치스러운 '사건'은 스탈린이 만들었지만, 그는 그것을 (자기가 생각한 대로) 끝까지 밀고 나갈 수 없었고, 그래서 의사들은 살아남았습니다. 지금 그들은 모두 복권되어 이전과 같은 지위에서 일하고 있으며, 정부 인사를 포함한 지도적인 일꾼들을 치료하고 있습니다. 우리는 그들을 전적으로 믿으며, 그들은 이전처럼 정직하게 자신들의 직업적 의무를 다하고 있습니다.

더럽고 수치스러운 다양한 사건을 조직하는 역겨운 역할을 했던 인물은 우리 당의 악랄한 적이자 외국 정보기관의 첩자로서 스탈린의 신임을 얻었던 베리야입니다. 어떻게 이런 관제 선동가가 당과 국가에서 그런 지위까지 도달할 수 있었으며, 소련 국무회의 제1부의장과 중앙위원회 정치국 위원이 되었겠습니까? 이런 파렴치한 인간이 매 단계마다 수많은 시체를 밟으면서 국가의 출세 사다리를 타고 올라갔다는 점이 이제는 분명해졌습니다.

베리야가 당에 위험한 인물이라는 경고는 없었을까요? 물론 있었습니다. 이미 1937년에 중앙위원회 전체회의에서 보건부 인민위원이었던 카민스키G. N. Kaminsky[84]는 베리야가 무사바티스트 첩보부대[85]에서 일했다고 말했습니다. 카민스키는 체포된 후에 처형되었으므로 중앙위원회 전체회의를 마칠 수 없었습니다. 스탈린은 카민스키의 언급을 확인해보았을까요? 아닙니다. 왜냐하면 스탈린은 베리야를 믿었고, 스탈린에게는 그것이면 충분했기 때문입니다. 그런데 일단 스탈린이 믿는다면, 그 누구도 스탈린의 견해와 상반된 어떤 말도 할 수 없었습니다. 누가 반대라도 했다면 그 사람은 카민스키와 같은 운명을 맞이했을 것입니다.

다른 경고도 또한 있었습니다. 스네고프A. V. Snegov[86] 동지(이 기회에 말하자면, 이 사람은 17년간 수용소에 있다가 최근에야 복권되었습니다)가 당 중앙위원회에 보냈던 성명서가 관심을 끝니다. 그는 성명서에다 이렇게 썼습니다.

중앙위원회 위원이었던 카르트벨리시빌리-라브렌트예프 L. I. Kartvelishvili - Lavrent'ev[87]의 복권 문제가 제기된 것과 관련하여 나는 카르트벨리시빌리의 처벌에서 베리야의 역할과 그를 움직였던 범죄적인 동기들에 관한 상세한 증거를 국가보안위원회 КГБ(KGB) 대표에게 주었다.

나는 이 문제와 관련된 중요한 사실을 기억해내고 그 사실을 중앙위원회에 알리는 것이 불가피하다고 생각하는데, 그것은 내가 그것을 조사 서류에 포함시키는 것이 적절하지 않다고 생각했기 때문이다.

1931년 10월 30일에 자카프카지예[88] 지역위원회 서기인 카르트벨리시빌리는 소련 공산당 중앙위원회 조직국 회의에 보고했다. 지역위원회 사무국의 모든 위원이 참석했는데, 이들 중 나 혼자만 살아 있다. 이 회의에서 스탈린은 자신의 연설 말미에 자카프카지예 서기국을 다음과 같은 인원으로 구성할 것을 제안했다. '제1서기는 카르트벨리시빌리, 제2서기는 베리야(이때 당 역사상 처음으로 베리야라는 성이 당직 후보자로 거론되었다). 이에 대해 카르트벨리시빌리는 베리야를 잘 알고 있으며, 그래서 절대로 베리야와 함께 일하지 않겠다고 답변했다. 이때 스탈린은 이 문제를 미결 상태로 남겨놓고 사무 절차에 따라 해결하자고 제안했다. 이틀 후 베리야를 당직에 등용하고 카르트벨리시빌리를 자카프카지예에서 전출시키기로 결정했다.

이런 사실은 그 회의에 참석했던 미코얀 동지와 카가노비치 동지가 확인해줄 수 있다.

수년에 걸친 카르트벨리시빌리와 베리야 사이의 적대 관계는 널리 알려져 있었다. 그것은 세르고Sergo[89] 동지가 자카프카지예에서 일하던 시기부터 계속되었다. 왜냐하면 카르트벨리시빌리가 세르고의 가장 가까운 조력자였기 때문이었다. 이런 적대 관계는 베리야가 카르트벨리시빌리를 겨냥해 '사건'을 조작한 이유가 되었다.

카르트벨리시빌리가 이 '사건'에서 베리야에 대한 테러 행위로 고소되었다는 점은 특징적이다.

베리야 사건에 대한 기소장에는 그의 범죄들이 상세하게 기술되어 있습니다. 그러나 본 대회의 모든 대의원이 그 문서를 읽지 않은 것 같기에 몇 가지 사실을 언급할 필요가 있습니다. 지금 저는 중앙위원회에 베리야의 반역 행위를 알리려고 시도했던 [아들] 케드로프I. M. Kedrov,[90] 골루베프V. P. Golubev,[91] 골루베프의 양어머니인 바투리나N. V. Baturina 등에 대한 베리야의 잔혹한 폭력을 상기시키고자 합니다. 이들은 재판도 없이 총살되었고, 판결문은 총살 이후에야 작성되었습니다. 바로 이것이 오랜 공산당원인 [아버지] 케드로프M. S. Kedrov[92] 동지가 중앙위원회의 안드레예프A. A. Andreev[93] 동지(안드레예프 동지는 당시 중앙위원회 서기였습니다)에게 보낸 내용입니다.

레포르토보 형무소의 어두운 감방에서 당신에게 도움을 호소합니다. 공포의 절규를 들어주십시오, 외면하지 마십시오, 대변해주십시오, 악몽 같은 심문을 그만두고 실수를 밝힐 수 있도록 도와주십시오.

저는 죄도 없이 고통 받고 있습니다. 믿어주십시오. 시간이 증명할 것입니다. 저는 전제정 비밀경찰의 첩자 - 관제 선동가도, 간첩도, 반소비에트 조직의 구성원도 아니며, 중상모략하는 신고서들에 근거해 기소당한 것입니다. 그리고 저는 당과 정부에 대해 어떤 다른 범죄를 저지른 적도 결코 없습니다. 저는 어떤 오류도 범하지 않은 오랜 볼셰비키로서 인민의 복지와 행복을 위해 당의 대열에서 40년 (조금 못 되는 기간) 동안 성실하게 투쟁했습니다…

…지금 62세의 늙은이인 저를 조사관들은 점점 더 힘들고 잔인하며 치욕적인 육체적 제재 수단으로 위협합니다. 그들은 이미 자신들의 잘못을 인식하거나, 저에 대한 그들의 행동이 불법이며 용납될 수 없다는 점을 인정하지 못합니다. 그들은 저를 매우 사악하고 굴복하지 않는 적으로 묘사함으로써 자신들을 정당화하며 탄압의 강화를 주장합니다. 그러나 당은

제가 결백하며, 그 어떤 수단으로도 당의 충실한 아들, 죽는 날까지 당에 헌신하는 충실한 아들을 적으로 만들 수는 없다는 점을 알아주십시오.

그러나 제게는 탈출구가 없습니다. 저는 닥쳐오는 새롭고 무거운 타격들을 피할 힘이 없습니다.

하지만 모든 것에는 한계가 있습니다. 저는 결국 지쳤습니다. 건강은 나빠졌고, 근력과 기력은 고갈되고 있으며, 종말이 다가오고 있습니다. 멸시받는 조국의 배신자이자 반역자로 낙인찍힌 채 소련의 감옥에서 죽는다는 것, 정직한 사람에게 무엇이 이보다 더 끔찍할 수 있겠습니까. 얼마나 무서운 일입니까! 끝없는 슬픔과 고통은 경련이 되어 가슴을 쥐어짭니다. 안 돼, 안 돼! 그런 일은 없을 거야, 그렇게 돼서는 안 된다고, 저는 소리칩니다. 당도, 소련 정부도, 그리고 인민위원인 베리야도 그런 잔인하고 되돌릴 수 없는 부당한 일이 일어나도록 허용하지는 않을 것이라고.

혐오스러운 욕설, 적의, 기분 나쁜 야유 등을 배제한 차분하며 공정한 조사가 이루어진다면, 근거 없는 고소는 쉽게 드러날 것이라고 확신합니다. 저는 진실과 정의가 승리할 것임을 굳게 믿습니다. 저는 믿고, 또 믿습니다.

군사협의회는 오랜 볼세비키인 케드로프가 무죄임을 인정했습니다. 하지만 그럼에도 케드로프는 베리야의 지시에

따라 총살되었습니다. (대회장 내 분노로 웅성거림)

베리야는 오르조니키제G. K. Ordzhonikidze 동지의 가족도 역시 잔인하게 처벌했습니다. 무엇 때문입니까? 그것은 베리야가 자신의 간교한 음모를 실행하려는 것을 오르조니키제가 방해했기 때문입니다. 베리야는 자신을 방해할 수 있는 모든 사람에게서 벗어나 자신의 길을 닦았습니다. 오르조니키제는 항상 베리야에게 적대적이었고, 베리야는 이에 대해 스탈린에게 말했습니다. 스탈린은 조사하여 필요한 조치를 취하는 대신에 오르조니키제의 형을 제거하도록 허락했고, 오르조니키제로 하여금 자살할 수밖에 없는 상황으로 몰아갔던 것입니다. (대회장 내 분노로 웅성거림) 바로 이것이 베리야의 정체입니다.

스탈린이 죽은 지 얼마 후에 당 중앙위원회는 베리야의 정체를 폭로했습니다. 꼼꼼한 재판 과정의 결과 베리야의 경악할 만한 범죄 행위들이 밝혀졌고 그는 총살되었습니다.

이런 의문이 제기됩니다. 무엇 때문에 당과 소비에트 일꾼 수만 명을 죽인 베리야의 정체가 스탈린 생전에는 폭로되지 않았을까요? 베리야는 스탈린의 약점을 교묘하게 이용하면서 그의 의심을 부추겼고, 모든 점에서 스탈린의 비위를 맞추며 그의 지지를 받아 행동했기 때문에 그전에는 정체가 폭로되지 않았던 것입니다.

*

동지들!

개인숭배가 이런 엄청난 규모를 띠게 되었던 주된 이유는 스탈린 자신이 여러 가지 방법으로 자기 개인에 대한 찬양을 고무하고 지원했기 때문입니다. 이는 수많은 사실이 증명하고 있습니다. 1948년에 나온 스탈린의《간략한 전기Краткая биография(Kratkaia biografiia)》의 출간은 그의 자화자찬과 근본적인 겸손의 부족을 매우 특징적으로 드러낸 것 중 하나입니다.

이 책은 전혀 억제할 수 없는 아첨의 표현물이며 인간을 신격화한 스탈린을 항상 옳은 현인, 가장 '위대한 지도자', '모든 시대와 모든 민족의 더할 나위 없이 완벽한 사령관'으로 만들었던 본보기입니다. 스탈린의 역할을 그 이상 찬양할 수 있는 다른 표현은 이미 존재하지 않았습니다.

이 책에 하나하나 집어넣은 역겨운 아첨하는 표현들을 인용할 필요는 없습니다. 단지 그것들은 모두 스탈린이 직접 승인하고 편집했으며 그중 몇몇은 그가 교정쇄에 자필로 써 넣었다는 점을 강조하고자 합니다.

도대체 스탈린은 무엇을 그 책에 자필로 써 넣었을까요? 혹시 스탈린은《간략한 전기》의 편찬자들이 보인 아첨의 열정을 억누르려고 노력했을까요? 아닙니다. 그는 자신의 업적에 대한 찬양이 불충분한 것처럼 보이는 바로 그런 문장을 강화했습니다.

스탈린이 직접 자기 손으로 써넣은 자신의 활동에 관한 몇몇 표현은 이렇습니다.

레닌이 대열에서 물러난 이후에 우리 당의 지도적 핵심 세력은 결국 신념이 부족한 자, 쉽게 항복하는 자, 트로츠키주의자, 지노비예프 지지자, 부하린 지지자, 카메네프 지지자 등과의 그런 투쟁 과정에서 형성되었다…그들은 레닌의 위대한 깃발을 지키고, 레닌의 유언을 중심으로 당을 단합시키며 소련 국민을 국가 산업화와 농업 집단화의 넓은 길로 인도했다. 이런 핵심세력의 지도자이자 당과 정부의 주도 세력은 스탈린 동지였다.

그런데 이것을 스탈린이 직접 적어 넣었습니다! 계속해서 그는 이렇게 덧붙였습니다.

스탈린은 당과 국민의 지도자 임무를 능숙하게 수행하고 모든 소련 국민의 지지를 얻었지만, 그런 활동 중에 자만심이나 거만함, 자존심을 전혀 내보이지 않았다.

언제 그리고 어디에서 어떤 활동가가 자기 자신을 이렇게 찬양할 수 있겠습니까? 과연 이것이 마르크스-레닌주의 활동가에게 합당한 일입니까? 아닙니다. 바로 이것은 마르크스와 엥겔스가 매우 단호하게 반대했던 것입니다. 바로 이것은 블라디미르 일리치 레닌이 항상 격렬하게 비난했던 것입니다.

그 책의 교정쇄에는 이러한 구절이 있었습니다. "스탈린, 그는 오늘날의 레닌이다." 이런 구절은 스탈린에게는 분명히 불충분한 것으로 보였을 것이며, 그래서 스탈린은 자필로 이것을 다음과 같이 고쳤습니다. "스탈린은 레닌이 하던 사업의 정당한 계승자거나, 혹은 우리 당에서 이야기되듯 스탈린, 그는 오늘날의 레닌이다." 바로 이렇게 강력하게 말하고 있지만, 그것은 국민이 아니라 스탈린 자신이 한 말이었습니다.

스탈린이 자기 손으로 교정쇄에 적어 넣은 그런 자화자찬의 수많은 표현을 인용할 수 있습니다. 그는 자신의 군사적 천재성과 사령관으로서의 재능에 대해 특히 열심히 자화자찬을 쏟아 부었습니다.

스탈린의 군사적 천재성에 대해 그 자신이 삽입한 구절을 하나 더 인용하겠습니다.

스탈린 동지는 —— 그는 이렇게 적었습니다 —— 소련의 선진적인 군사학을 더욱 발전시켰다. 스탈린 동지는 전쟁의 승패를 결정짓는 데 항상 영향을 미치는 요소들에 대한, 적극적인 방어, 그리고 반격 및 공격의 법칙에 대한, 현대전 상황에서 각종 군부대와 군사 기술 사이의 상호 영향에 대한, 현대전에서 대규모 전차 및 비행기의 역할에 대한, 그리고 가장 강력한 군부대로서의 포병에 대한 규범을 만들었다. 전쟁의 여러 단계에서 천재적인 스탈린은 전쟁 상황의 특수성을 충분히 고려한 올바른 해결책을 찾아냈다.

계속해서 스탈린 자신이 이렇게 적었습니다.

스탈린의 전쟁 기술은 방어에서뿐만 아니라 공격에서도 발휘되었다. 스탈린 동지는 천재적인 통찰력으로 적의 계획을 알아차리고 그것을 무찔렀다. 스탈린 동지가 소련 군대를 지휘했던 전투에서는 군사 작전 기술의 뛰어난 전범이 구현되었다.

스탈린은 군 지휘관으로서 이런 찬양을 받았습니다. 그런데 누가 그렇게 찬양했습니까? 스탈린 자신이, 하지만 이미 군 지휘관으로서가 아니라 작가-편집자로서, 즉 자신에게 아첨하는 전기의 주요 편찬자들 중의 한 명으로 나선 스탈린 자신이 그렇게 찬양했던 것입니다.
동지들, 사실은 이러했습니다. 솔직히 말해서, 이것은 부끄러운 일입니다.
스탈린의 《간략한 전기》에서 또 하나의 사실을 인용하

겠습니다. 당 중앙위원회의 소위원회가 작업하여 《전연방 공산당(볼셰비키)의 역사, 단기 과정Краткий курс истории Всесоюзной Коммунистической партии(большевиков)[Kratkii kurs istorii Vsesoiuznoi Kommunisticheskoi partii(Vol'shevikov)]》을 만들었다는 점은 널리 알려져 있습니다. 덧붙이자면, 역시 개인숭배에 많이 오염된 이 저작은 특정한 저자 집단이 편찬했습니다. 그리고 그런 상황이 스탈린의 《간략한 전기》 교정본에는 다음과 같은 표현으로 반영되었습니다.

> 전연방 공산당(볼셰비키) 중앙위원회의 소위원회는 스탈린 동지의 지도와 그 자신의 매우 적극적인 참여 아래 《전연방 공산당(볼셰비키)의 역사, 단기 과정》을 만든다.

하지만 이런 표현은 스탈린을 그다지 만족시키지 못했고, 이 부분은 출판된 《간략한 전기》에서 다음과 같은 문장으로 대체되었습니다.

> 1938년에는 스탈린 동지가 쓰고 전연방 공산당(볼셰비키) 중앙위원회 소위원회가 승인한 《전연방 공산당(볼셰비키)의 역사, 단기 과정》이라는 책이 발간되었다.

여기에서 무슨 말을 더 하겠습니까! (대회장 내 활기찬 움직임)

보시다시피, 집단에 의해 만들어진 저작이 놀랍게도 스탈린이 쓴 책으로 바뀐 것입니다. 왜, 그리고 어떻게 이런 일이 발생했는지는 말할 필요도 없습니다.

당연하게도 이런 의문이 생깁니다. 만약 스탈린이 이 책의 저자라면, 그는 왜 스탈린 개인을 그렇게 찬양하고 영광스러운 우리 공산당의 역사에서 10월 혁명 이후의 모든 기간을 '천재 스탈린'의 활동 배경으로 만들어야 할 필요성을 느꼈을까요?

정말 이 책에는, 나라를 사회주의적으로 변혁하려는, 사회주의 사회를 건설하려는, 나라를 산업화하고 집단화하려는 당의 노력과 레닌이 제시한 노선을 확실하게 지켜가던 당의 다른 조치들이 적절하게 표현되어 있습니까? 거기에는 주로 스탈린, 그의 연설, 그의 보고 등에 대해 언급하고 있습니다. 모든 것은 어떤 예외도 없이 그의 이름과 관련되어 있습니다.

스탈린 스스로 바로 자신이 《전연방 공산당(볼셰비키)의 역사, 단기 과정》을 썼다고 말할 때, 이것은 적어도 놀라움과 의혹을 불러일으키지 않을 수 없습니다. 정말 마르크스-레닌주의자가 자신에 대한 개인숭배를 하늘까지 추켜올리면서 자기 자신에 대해 그렇게 쓸 수 있겠습니까?

이를테면 스탈린상[94] 문제를 살펴봅시다. (대회장 내 동요) 황제들도 자신의 이름을 붙인 그런 상을 만들지 않았습니다.

스탈린 자신은 소련 국가(國歌)의 가사가 매우 좋다고 인정했는데, 그 가사에는 공산당에 대해서는 한마디의 언급도 없고, 대신 스탈린에 대한 다음과 같은 전례 없는 찬사가 있습니다.

스탈린이 우리를 길러주셨네. 국민에 대한 충성심으로,
노동으로 그리고 영웅적 행동으로 나아가도록 우리를 북돋워주셨네.

국가의 이런 구절은 위대한 레닌당의 모든 엄청난 교육, 지도, 격려 활동을 스탈린 한 사람의 업적으로 돌리고 있습니다. 당연히 이것은 마르크스-레닌주의에 어긋나는 것임이 분명하며 당의 역할을 비하하고 격하하는 것임이 분명합니다. 중앙위원회 간부회는 국민과 당의 역할이 반영될 수 있는 새로운 가사의 국가를 짓기로 이미 결정했다는 점을 여러분에게 알려드립니다. (계속되는 열렬한 박수)

그런데 정말 스탈린에게 알리지 않고 그의 이름을 수많은 대기업과 도시에 붙였으며, 정말 그에게 알리지 않고 그의 기념물, 즉 이런 '생전의 추모 기념물'을 전국 도처에 세웠을까요? 사실은 이렇습니다. 스탈린 자신이 1951년 7월 2일에 볼가-돈 운하에 스탈린 기념 조각상을 건립하도록 규정한 소련 국무회의의 결의문에 서명했으며 그해 9월 4일에는 이 기념물을 건립하기 위해 구리 33톤을 공급하라는 지시를 내렸습니다. 스탈린그라드 인근에 살고 있던 사람들은 거기에, 게다가 인적이 드문 장소에 얼마나 거대한 동상이 우뚝 솟아나는지를 보았습니다. 그런데 그것의 건립에는 많은 자금이 사용되었으며, 그것도 우리나라 사람들이 전쟁 직후 이 지역에서 여전히 토굴에 살고 있던 때에 그러했습니다. 스스로 판단해보십시오. 스탈린이 "자신의 활동 중에 자만심이나 오만함, 자존심을 전혀 내보이지 않았다"고 자신의 전기에 썼던 것이 올바른지를 말입니다.

이와 함께 스탈린은 레닌에 대한 기억을 경시했습니다. 블라디미르 일리치에 대한 기념물로서 소비에트 궁전[95]을 건립하기로 결정한 지 30년 이상이 지났지만 그것은 아직 완공되지 않았으며 그것의 건설 문제가 계속 연기되고 망각되었다는 사실은 우연이 아닙니다. 이러한 상황을 바로잡고 블라디미르 일리치 레닌에 대한 기념물을 세워야 합니다. (계속되는 열렬한 박수)

학문 업적을 위한 레닌상 제정에 관한 소련 정부의 1925년 8월 14일자 결의문도 떠올리지 않을 수 없습니다. 이 결의문은 언론에 보도되었지만, 지금까지도 레닌상은 존재하지 않습니다. 이것 또한 바로잡아야 합니다. (계속되는 열렬한 박수)

제가 사실을 인용하면서 이미 언급했던 특정한 방식 때문에 스탈린이 살아 있을 때에는 모든 사건은 가령 스탈린의 《간략한 전기》에 적혀 있는 것처럼, 마치 레닌이 심지어 10월 사회주의 혁명의 실행 과정에서도 부차적인 역할을 했던 것처럼 설명되었습니다. 많은 영화와 예술 문학 작품에서 레닌의 모습은 잘못 그려졌으며 용인할 수 없을 정도로 낮게 평가되었습니다.

스탈린은 자신이 장갑열차의 발 디딤대에 서서 마치 적들을 칼로 쳐 죽이는 것처럼 그리고 있는 영화 〈잊을 수 없는 1919년〉을 보는 것을 매우 좋아했습니다. 우리가 사랑하는 친구인 클리멘트 예프레모비치 보로실로프K. Y. Voroshilov[96]로 하여금 용기를 내서 스탈린에 대한 진실을 쓰게 합시다. 그는 정말 스탈린이 어떻게 싸웠는지를 알고 있습니다. 물론 보로실로프 동지가 이 일을 시작하는 것은 어렵겠지만 그가 그것을 해낸다면 좋겠습니다. 이것은 국민과 당 모두가 지지할 것입니다. 그리고 후손들은 이에 대해 감사할 것입니다. (계속되는 박수)

10월 혁명과 내전에 관련된 사건들을 설명할 때, 이 문제는 많은 경우 마치 주된 역할을 언제나 스탈린이 했던 것처럼, 스탈린이 어디에서나 레닌에게 무엇을 어떻게 해야 할지를 알려준 것처럼 묘사되었습니다. 하지만 이것은 정말 레닌에 대한 모욕입니다! (계속되는 박수)

제가 만약 여기 있는 사람들 중 99퍼센트가 1924년 이전에는 스탈린에 대해 알거나 들은 바가 그다지 많지 않았지만 레닌은 이 나라에서 모두 알고 있었다고, 즉 당 전체가 알고 있었으며 노소를 불문하고 온 국민이 알고 있었다고 말한다 해도 그것은 아마 진실에 어긋나지 않을 것입니다. (계속되는 열렬한 박수)

레닌의 역할, 우리 공산당과 창조자이자 건설자로서의 소련 국민의 위대한 업적이 역사, 문학, 예술 작품들에 올바르게 반영될 수 있도록 이 모든 것은 결정적으로 재검토되어야 합니다. (박수)

*

동지들! 개인숭배는 당 조직 및 경제 활동에서 잘못된 방법들의 확산을 촉진했고, 당내 민주주의와 소비에트 민주주의의 거침없는 파괴, 노골적인 관료화, 다양한 왜곡, 결함의 은폐, 현실의 미화 등을 낳았습니다. 우리 주위에는 아첨꾼, 무조건 찬사를 늘어놓은 사람, 사기꾼 등이 적지 않게 늘어났습니다.

또 지적하지 않을 수 없는 점은 당, 소비에트, 그리고 경제 분야의 수많은 일꾼을 체포한 결과 우리의 많은 간부요원들이 신념 없이 조심스럽게 일하게 되었으며 새로운 것을 두려워하고 자신의 그림자마저도 경계하며 일을 좀 더 주도적으로 하지 않게 되었다는 것입니다.

당과 소비에트 기관의 결의문을 봐도 그렇습니다. 그것은 틀에 박힌 듯이, 때로는 구체적인 상황을 고려하지 않고 작성하게 되었습니다. 심지어 상황은 당 일꾼과 다른 일꾼들이 그다지 크지 않은 회의, 특정 문제에 관한 협의회에서도 모범답안을 읽듯이 연설할 지경에 이르렀습니다. 이 모든 것 때문에 당 및 소비에트 사업이 정형화되고 조직이 관료화될 위험성이 등장했습니다.

스탈린이 현실과 단절되었고 지방의 실제 상황을 전혀 몰랐다는 점은 농업 지도의 사가 명확하게 보여줍니다.

국내 상황에 조금이라도 관심이 있는 사람이라면 누구나 어려운 농업 상황을 알고 있었지만 스탈린은 그것을 알아차리지 못했습니다. 우리가 스탈린에게 그것에 대해 말하지 않았을까요? 아닙니다, 말했습니다. 하지만 그는 우리의 말을 믿지 않았습니다. 왜 그렇게 되었을까요? 왜냐하면 스탈린은 그 어디에도 간 적이 없었고 노동자와 집단농장 농민을 만난 적도 없어서 지방의 실제 상황을 몰랐기 때문입니다.

그는 단지 영화로만 나라와 농업을 연구했습니다. 그런데 영화는 농업의 실제 상황을 미화하고 덧칠했습니다. 많은 영화에서 집단농장 생활은 풍부한 칠면조와 거위 고기로 상다리가 휘는 것처럼 그려졌습니다. 아마도 스탈린은 실제로 그렇다고 생각했을 것입니다.

블라디미르 일리치 레닌은 이와는 다르게 현실을 바라보

았으며, 그는 항상 민중과 긴밀한 관계를 유지했습니다. 그는 농민 대표들을 맞이했고 공장과 작업장에서 자주 연설을 했으며 농촌에 자주 갔고 농민들과 대화를 나누었습니다.

스탈린은 국민과 담을 쌓았으며, 그 어디도 가지 않았습니다. 그리고 그것은 수십 년 동안 계속됐습니다. 그의 마지막 농촌 방문은 곡물 조달 문제로 시베리아에 갔던 1928년 1월에 있었습니다. 어떻게 그가 농촌 상황을 알 수 있었겠습니까?

스탈린이 어떤 대담에서 우리의 농업 상황이 어렵다는, 소고기 및 다른 축산물의 생산 사정이 국내에서 특히 좋지 않다는 말을 들었을 때, '집단농장과 국영농장의 축산업을 더욱 발전시킬 조치들에 관한' 결의문 초안을 맡아서 준비할 위원회가 조직되었습니다. 우리는 그 초안을 작성했습니다.

물론 당시 우리의 제안은 가능한 모든 수단을 포괄하지는 못했습니다. 하지만 집단적 축산업을 개선할 방법은 제시되었습니다. 그때 축산업의 발전에 관한 집단농장 농민, 기계 및 트랙터 보급소 일꾼, 그리고 국영농장 농민의 물질적 이해 관련성을 높이기 위해 축산물의 매입 가격을 올리자고 제안했습니다. 하지만 우리가 작성한 초안은 채택되지 않았고 1953년 2월에 유보되었습니다.

게다가 그 초안을 검토할 때 스탈린은, 집단농장 및 소속 농민들에게 400억 루블의 세금을 더 부과하자는 제안을 내놓았습니다. 그의 견해에 따르면, 농민들이 부유하게 살고 있으며 집단농장 농민들은 닭 한 마리만 팔아도 국가 세금을 모두 낼 수 있기 때문입니다.

여러분은 이것이 무엇을 의미하는지 한번 생각해보십시오. 400억 루블, 이것은 농민들이 넘겨줄 수 있는 모든 생산물을 넘겨주고서도 받을 수 없는 금액입니다. 예를 들어, 1952년에 집단농장과 집단농장 농민들은 모든 생산물을 국가에 양도하거나 판매한 대가로 262억 8,000만 루블을 받았습니다.

스탈린의 그런 제안은 도대체 어떤 자료에 근거한 것이었을까요?

물론 어떤 자료도 없었습니다. 그런 경우에 그는 사실과 숫자에 관심이 없었습니다. 만약 스탈린이 무엇인가를 말했다면, 요컨대 그것은 정답입니다. 다시 말해서 그는 정말 '천재'인데, 천재는 계산할 필요가 없으며, 천재는 모든 것을 한 번에 결정하기 위해서 어떻게 해야 할지 그저 둘러보는 것만으로도 충분합니다. 스탈린이 자기 견해를 말하면 모든 사람은 그를 따라 같은 말을 되풀이하면서 그의 현명함을 찬양해야 합니다.

하지만 농업 세금을 400억 루블이나 인상하자는 제안에 어떤 현명한 점이 있었을까요? 전혀 없었습니다. 왜냐하면 이런 제안은 현실에 대한 실제적인 평가가 아니라 사람들의 생활과는 동떨어진 환상적인 허구에 근거한 것이었기 때문입니다.

지금 우리 농업은 어려운 상황에서 조금씩 벗어나기 시작했습니다. 제20차 전당대회의 많은 대의원이 제6차 5개년 계획 가운데 주요 축산물 생산에 관한 과제를 5년 동안이 아니라 2~3년 내에 완수할 수 있다고 말할 때 그런 대의원들의 연설은 우리 모두를 기쁘게 합니다. 우리는 새로운 5개년 계획의 과제들을 성공적으로 완수할 수 있을 것이라고 확신합니다. (계속되는 박수)

*

동지들!

지금 우리는 스탈린 생전에 널리 확산되었던 개인숭배에 단호히 반대하며, 마르크스-레닌주의 정신에 어긋나는 이런 숭배 때문에 나타난 많은 부정적인 현상들에 대해 말하고 있습니다. 이때 어떤 사람들에게는 이런 의문이 들 수 있습니다. 어떻게 그럴 수 있는가, 스탈린은 30년간 국가와 당의 수반이었고 그 시기에 커다란 승리를 거두지 않았던가, 과연 이것을 부정할 수 있을까? 저는 개인숭배에 눈이 멀고 완전히 빠져버린 사람들만이 그런 문제를 제기할 수 있다고, 그들은 혁명과 소비에트 국가의 본질을 이해하지 못하고 있으며, 소련 사회의 발전에서 당과 국민이 했던 역할을 제대로,

레닌주의적으로 이해하지 못하고 있다고 생각합니다.

사회주의 혁명은 노동자 계급이 빈농과 동맹을 맺고 중농의 지지를 받아 수행했던 것이며, 볼셰비키당의 지도를 받은 민중이 수행했던 것입니다. 레닌의 위대한 업적은 그가 노동 계급의 전투 정당을 만들었으며, 그 당을 사회 발전 법칙에 관한 마르크스주의적 개념으로, 즉 자본주의와의 투쟁에서 프롤레타리아트가 승리한다는 가르침으로 무장시켰으며, 인민 대중의 혁명 투쟁의 불길 속에서 당을 단련시켰다는 점에 있습니다. 이런 투쟁 과정에서 당은 일관성 있게 민중의 이익을 옹호하고 그들의 노련한 지도자가 되었으며, 근로 대중을 권력 장악으로, 세계 최초의 사회주의 국가의 창출로 이끌었던 것입니다.

여러분은 소비에트 국가가 대중의 의식성 때문에 강력하다는, 이제는 수백만, 수천만의 사람이 역사를 만들어간다는 레닌의 현명한 말을 잘 기억할 것입니다.

당과 그것의 수많은 지방기관의 조직 사업 덕분에, 우리 위대한 국민의 자기희생적인 노동 덕분에 우리는 역사적인 승리를 이룩할 수 있었습니다. 이런 승리는 국민과 당 전체의, 그 규모에 있어서 엄청난 활동의 결과이지, 개인숭배의 절정기에 표현하려 했던 것처럼 스탈린 단 한 사람의 지도가 가져온 성과는 결코 아닙니다.

만약 이 문제의 본질에 마르크스주의적으로, 레닌주의적

으로 접근한다면 스탈린의 생애 말년에 형성되었던 지도 관행은 소련 사회가 발전하는 데에 심각한 걸림돌이 되었다고 매우 솔직하게 선언해야 합니다.

스탈린은 당과 나라의 생활에 관한 매우 중요하고도 시급한 많은 문제를 상당 기간 심사숙고하지 않았습니다. 스탈린의 지도 아래 내려진 독단적인 결정들은 심각한 분규를 야기할 수 있었으며 때로는 실제로 야기했기 때문에 우리와 다른 나라들 사이의 평화로운 관계는 자주 위협받았습니다.

우리가 개인숭배라는 잘못된 관행에서 벗어나 국내외 정책 분야에서 일련의 조치를 취했던 최근 몇 년 동안에 모든 사람은 문자 그대로 눈앞에서 적극성이 어떻게 증대하는지, 어떻게 광범위한 근로 대중의 창조적인 주도성이 발전하는지, 그리고 그것이 우리의 경제적·문화적 건설의 결과에 얼마나 유익하게 반영되기 시작하는지를 보았습니다. (박수)

몇몇 동지들은 이런 질문을 던질 수도 있을 것입니다. 중앙위원회 정치국 위원들은 도대체 어디를 보고 있었는가, 왜 그때는 개인숭배에 반대하지 않았고 지금에야 반대하는 것인가?

무엇보다도 먼저 정치국 위원들이 이런 문제를 시기에 따라 다르게 보았다는 점을 고려해야 합니다. 처음에 그들 중 다수는 스탈린이 가장 강력한 마르크스주의자 중 한 명이었고 그의 논리, 힘, 의지가 간부요원들과 당 사업에 큰 영향을 미쳤기 때문에 스탈린을 적극적으로 지지했습니다.

레닌이 죽은 후, 특히 처음 몇 년 동안에 스탈린이 레닌의 가르침을 왜곡하는 자와 적들에 맞서 레닌주의를 지키기 위해 싸웠다는 것은 널리 알려져 있습니다. 레닌의 가르침에 입각하여 당은 중앙위원회를 선두로 우리나라의 사회주의적 산업화, 농업 집단화, 문화혁명의 실현 등과 관련된 거대한 작업을 전개했습니다. 그 당시 스탈린은 대중성과 공감, 그리고 지지를 획득했습니다. 당은 이 나라를 유일하게 올바른 레닌의 노선에서 벗어나도록 만들려는 자들, 즉 트로츠키주의자, 지노비예프 지지자, 우익 부르주아 민족주의자 등과의 투쟁을 이끌어야 했습니다. 이런 투쟁은 불가피했습니다. 하지만 그 다음에 스탈린은 권력을 점점 더 많이 남용하면서 당과 국가의 뛰어난 활동가들을 처벌하고 양심적인 소련 시민들에게 테러 수단을 사용하기 시작했습니다. 이미 언급했듯이, 스탈린은 우리 당과 국가의 뛰어난 활동가인 코시오르, 루주타크, 에이헤, 포스티셰프 등을 그렇게 다루었습니다.

근거 없는 의심과 비난에 맞서려고 시도한다면, 항의한 사람은 탄압을 받게 되었습니다. 이와 관련하여 포스티셰프의 일화가 특징적입니다.

어떤 대담에서 스탈린은 포스티셰프에게 불만을 표시하며 이런 질문을 던졌습니다.

"당신은 도대체 누구요?"

포스티세프는 그 특유의 강한 '오' 발음으로 확실하게 말했습니다.

"볼셰비키입니다, 스탈린 동지. 나는 볼셰비키입니다!"

그런데 이 발언은 처음에 스탈린에 대한 불경으로 간주되었지만, 나중에는 적대 행위로 간주되었고 결국에는 어떤 근거도 없이 '인민의 적'으로 선언된 포스티세프의 죽음으로 이어지게 되었습니다.

당시에 형성된 상황에 대해 저는 니콜라이 알렉산드로비치 불가닌 N. A. Bulganin[97]과 자주 이야기를 합니다. 언젠가 한번 우리 둘이 같은 차를 타고 갔을 때 그는 제게 이렇게 말하더군요. "때때로 당신이 스탈린 집에 간다면, 당신은 그의 집에 친구로서 초대받은 것이지요. 하지만 당신이 스탈린 옆에 앉았다 해도, 당신이 그 후에 어디로, 그러니까 집으로 가게 될지 아니면 감옥으로 가게 될지는 알 수 없지요."

이런 상황 때문에 정치국의 모든 위원이 매우 어려운 처지에 처해 있었다는 것은 명백합니다. 게다가 마지막 몇 년 동안 당 중앙위원회 전체회의가 사실상 소집되지 않았고, 정치국 회의도 가끔씩만 소집되었다는 점을 고려한다면, 정치국 위원들 중 누군가가 이런저런 불공정하거나 잘못된 조치들에 대해, 지도 관행의 명백한 오류와 결함에 대해 말하는 것이 얼마나 어려웠는지 이해가 될 것입니다.

이미 지적했듯이, 많은 결의문이 집단적인 논의 없이 독단적으로 또는 설문 조사로 채택되었습니다.

   스탈린 탄압의 희생자가 된 정치국 위원 보즈네센스키의 슬픈 운명은 모두 잘 알고 있습니다. 그를 정치국에서 축출한다는 결의문은 그 어디에서도 논의되지 않은 채 설문 조사로 통과되었다는 점을 지적하는 것은 중요한 의미를 지닙니다. 또한 쿠즈네초프 동지와 로디오노프 동지를 해임하는 결의문도 표결로 통과되었습니다.

   중앙위원회 정치국의 역할은 심각하게 축소되었고, 정치국 내에 다양한 소위원회가 설치됨으로써, 이른바 '5인회', '6인회', '7인회', '9인회'가 조직됨으로써 정치국의 업무는 엉망이 되었습니다. 예를 들어 1946년 10월 3일자 정치국 결의문은 이렇습니다.

  스탈린 동지의 제안
  1. 앞으로 정치국 산하의 대외 업무 소위원회(6인회)가 대외 정책적 성격을 지닌 문제들과 함께 국내 건설 및 국내 정책의 문제들도 다루도록 위임한다.
  2. 6인회에 소련 국가계획위원회 의장인 보즈네센스키 동지를 추가로 포함시키고 앞으로 6인회를 7인회라고 부른다.
  중앙위원회 서기 스탈린.

  이게 무슨 카드놀이의 말장난입니까? (대회장 내 웃음) 정치국 내에 '5인회', '6인회', '7인회', '9인회' 등과 같은 소위원회를 설치하는 것은 집단 지도의 원칙을 어기는 것임이 분명합니다. 그 결과 정치국의 몇몇 위원은 매우 중요한 문제의 결정 과정에서 이런 방식으로 배제되었습니다.

우리 당의 최고 원로 당원 중 한 명인 클리멘트 예프레모비치 보로실로프는 견디기 힘든 상황에 놓이게 되었습니다. 몇 년 동안 그는 사실상 정치국 업무에 참여할 권리를 박탈당했습니다. 스탈린은 그가 정치국 회의에 나타나거나 그에게 서류를 보내는 것을 금지했습니다. 정치국 회의가 열리고 보로실로프 동지가 이에 대해 알았을 때, 그는 매번 전화를 해서 자신이 이번 회의에 가도 되는지 허락을 구했습니다. 스탈린은 허락한 적이 별로 없지만 항상 불만을 표시했습니다. 스탈린은 극단적인 우려와 의심증의 결과 보로실로프가 영국 첩자라는 어리석고 우스꽝스러운 의심을 갖게 되었습니다. (대회장 내 웃음) 그렇습니다. 영국 첩자라고 말입니다. 그래서 그의 대화를 엿듣기 위한 특별한 장치가 그의 집에 몰래 설치되었습니다. (대회장 내 분노로 웅성거림)

스탈린은 독단적으로 정치국의 또 다른 위원인 안드레이 안드레예비치 안드레예프 또한 정치국 업무에 참여하지 못하게 했습니다. 이것은 정말 고삐 풀린 전횡이었습니다.

그럼, 제19차 전당대회 이후에 열린 첫 전체회의를 살펴봅시다. 그때 스탈린은 연설을 했는데, 전체회의에서 뱌체슬라프 미하일로비치 몰로토프와 아나스타스 이바노비치 미코얀을 평가하면서 우리 당의 최고 원로 활동가인 이들에게 전혀 근거도 없는 비난을 퍼부었습니다.

만약 스탈린이 몇 달 더 지도자 자리에 있었더라면 몰로토프 동지와 미코얀 동지는 이번 전당대회에서 연설할 수 없었을지도 모릅니다.

스탈린은 정치국의 원로 위원들을 처벌할 계획을 갖고 있었던 것 같습니다. 그는 정치국 위원을 바꿔야 한다고 자주 말해왔으니까요. 제19차 전당대회 직후 중앙위원회 간부회에 25명을 선출하자는 그의 제안은 정치국의 원로 위원들을 제거하고 경험이 더 적은 사람들을 끌어들여 이들로 하여금 자신을 여러 가지 방법으로 찬양하도록 만들려는 목적을 지니고 있었습니다. 심지어 그것은 정치국의 원로 위원들을 나중에 제거하여, 우리가 지금 보고하고 있는 스탈린의 좋지 못한 처신을 감추기 위해 생각해낸 것이었다고 추측할 수도 있습니다.

동지들! 과거의 실수를 되풀이하지 않기 위해 중앙위원회는 개인숭배에 단호히 반대합니다. 우리는 스탈린을 지나칠 정도로 위대하게 찬양했다고 생각합니다. 지난날 스탈린이 당과 노동 계급, 그리고 국제 노동운동에 커다란 기여를 했다는 점은 논쟁의 여지가 없습니다.

지금까지 말한 모든 것이 스탈린 시대에 그의 지도 아래,

그의 승인을 받아 행해졌으며 게다가 스탈린은 그것이 적들의 음모와 제국주의 진영의 공격으로부터 근로 대중의 이익을 지키기 위해 불가피하다고 확신했기 때문에 문제는 복잡해집니다. 이 모든 것은 스탈린이 노동 계급의 이익을, 근로 인민의 이익을 옹호하고 사회주의 및 공산주의의 승리를 위한다는 관점에서 고려한 것이었습니다. 이것을 고지식한 사람의 행동이라고 말해서는 안 됩니다. 그는 당과 근로 대중을 위해, 혁명의 성과를 지키기 위해 그렇게 해야 할 필요가 있다고 생각했습니다. 여기에 진정한 비극이 존재하는 것입니다!

동지들! 레닌은 겸손이 진정한 볼셰비키의 필요불가결한 자질이라고 여러 차례 강조했습니다. 그리고 레닌 자신은 지극한 겸손을 몸으로 직접 보여주었습니다. 이런 문제에서 우리가 모든 면에서 레닌의 사례를 따른다고는 말할 수 없습니다. 수많은 도시, 공장과 작업장, 집단농장과 국영농장, 소비에트 단체 및 문화 단체 등에 여전히 건강하고 활발하게 활동하고 있는 여러 국가 및 당 활동가들의 이름을, 만약 이렇게 표현할 수 있다면, 사유재산에 대한 우리의 권리인 것처럼 나눠서 붙이고 있다는 점을 말하는 것만으로도 충분합니다. 다양한 도시, 지역, 기업, 집단농장 등에 자신의 이름을 붙이는 일에서 우리는 대부분 공범자입니다. 이것은 고쳐야 합니다. (박수)

그러나 이런 일은 현명하게, 성급하지 않게 처리해야 합니다. 중앙위원회는 여기에서 어떤 실수나 편향성을 피할 수 있도록 이 문제를 잘 논의하여 처리할 것입니다. 저는 우크라이나에서 사람들이 코시오르가 체포된 것을 어떻게 알게 되었는지 기억합니다. 키예프 라디오 방송국은 방송을 보통 "코시오르 라디오 방송국입니다"라는 말로 시작했습니다. 하루는 라디오 방송이 코시오르의 이름을 언급하지 않고 시작되었습니다. 그러자 모두들 코시오르에게 무슨 일이 일어났다고, 그는 아마도 체포되었을 것이라고 추측했습니다.

　따라서 만약 우리가 어디에서나 간판을 내리고 이름을 바꾸기 시작한다면, 사람들은 기업, 집단농장 또는 도시에 자기 이름을 붙인 그 동지들에게 무슨 일이 발생했다고, 아마도 그들이 체포되었다고 생각할 수도 있습니다. (대회장 내 활기)

　때때로 이런저런 지도자의 권위와 중요성을 우리나라에서는 무엇으로 알 수 있습니까? 그것은 얼마나 많은 도시, 공장과 작업장, 얼마나 많은 집단농장과 국영농장을 그의 이름으로 부르고 있는가에 의해서입니다. 이제 우리는 이러한 '사유재산'을 청산하고 공장과 작업장, 집단농장과 국영농장의 '국유화'를 수행해야 되지 않겠습니까. (웃음, 박수, '옳소'라는 함성) 이것은 우리 사업에 도움이 될 것입니다. 개인숭배는 사실 그런 종류의 사실에서 나타납니다.

　우리는 정말 신중하게 개인숭배 문제에 접근해야 합니다.

우리는 이 문제를 당의 경계 밖으로 가져갈 수 없으며, 언론에는 더더욱 안 됩니다. 바로 이렇기 때문에 우리는 그것을 전당대회의 비공개 회의에서 보고하는 것입니다. 한도를 알아야 하며, 적들에게 비난거리를 줘서는 안 되며, 그들에게 우리의 환부를 보여서도 안 됩니다. 저는 전당대회의 대의원들이 이런 모든 조치를 올바로 이해하고 평가할 것이라고 생각합니다. (열렬한 박수)

*

동지들! 우리는 단호한 자세로 한번에 개인숭배를 폭로하고 사상·이론 분야에서뿐만 아니라 실제 사업 분야에서도 적절한 결론을 도출할 필요가 있습니다.

이를 위해 다음 사항은 불가피합니다.

첫째, 개인숭배를 마르크스-레닌주의 정신과 무관하고 당의 지도 원칙들과 당의 생활 규범들에 부합하지 않는 것으로서 볼셰비키답게 비난하고 근절하며, 이런저런 형식으로 그것을 부활시키려는 모든 시도에 맞서 철저히 투쟁해야 합니다.

민중이 역사의 창조자이자 인류의 모든 물질적·정신적 부의 생산자라는, 그리고 마르크스주의 정당이 사회 변혁과 공산주의의 승리를 위한 혁명적 투쟁에서 결정적인 역할을 수행한다는 마르크스–레닌주의 교리의 가장 중요한 명제를 다시 내세우며 그것을 우리의 모든 이데올로기 사업에서 일관성 있게 관철시켜야 합니다.

이와 관련하여 우리는 역사, 철학, 경제 및 다른 학문 분야에서, 그리고 또한 문학 및 예술 분야에서 개인숭배와 관련하여 널리 퍼져 있는 잘못된 견해를 마르크스–레닌주의의 관점에서 비판적으로 검토하여 바로 잡기 위해 많은 작업을 해야 합니다. 특히 가까운 시일 내에 반드시 해야 할 일은 우리 당의 역사에 관해 기준이 될 만하며 과학적 객관성을 지닌 마르크스주의적 교과서, 소련 사회의 역사에 관한 교과서, 내전 및 대조국전쟁의 역사에 관한 책을 출간하는 작업입니다.

둘째, 위에서 아래까지 당의 모든 조직에서 레닌의 당 지도 원칙, 무엇보다도 최고 원칙인 집단 지도 원칙의 매우 엄격한 준수, 우리 당헌에 규정된 당 생활 규범의 준수, 비판과 자기비판의 강화 등과 관련하여 당 중앙위원회가 최근 몇 년간 실행해온 사업을 일관성 있고 끈기 있게 지속해야 합니다.

셋째, 소련 헌법에 표현된 사회주의적 소비에트 민주주의에 관한 레닌의 원칙을 전부 다시 내세우며, 권력을 남용하는 자들의 전횡에 맞서 투쟁을 전개해야 합니다. 개인숭배의 부정적인 영향 때문에 오랜 기간에 걸쳐 계속되어온 혁명적 사회주의 준법성의 침해 행위를 반드시 끝까지 바로잡아야 합니다.

  동지들! 소련 공산당 제20차 전당대회는 우리 당의 견고한 일치단결, 중앙위원회를 중심으로 한 단합, 공산주의 건설의 위대한 과업을 완수하려는 결의 등을 새로운 힘으로 과시했습니다. (열렬한 박수) 그리고 우리가 지금 마르크스-레닌주의에 어긋나는 개인숭배를 극복하는 것에 관한, 그리고 그것이 낳은 힘든 결과물을 청산하는 것에 관한 원칙적인 문제를 제기하고 있다는 사실은 우리 당의 위대한 도덕적·정치적 힘을 보여줍니다. (계속되는 박수)

  우리는 제20차 전당대회의 역사적 결정으로 무장한 우리 당이 소련 국민을 레닌의 노선을 따라 새로운 성공으로, 새로운 승리로 이끌 것임을 전적으로 확신합니다.

  우리 당의 승리의 기치, 레닌주의 만세! (계속되는 열렬한 박수는 박수갈채로 바뀜. 모두 일어선다.)

해제

소련 사회주의 체제 최초의 균열, 흐루시초프의 비밀 연설

1. 흐루시초프의 생애와 사상

(1) 청년 흐루시초프, 정치에 뛰어들다

흐루시초프는 제정 러시아의 하층 계급으로 태어나 소련의 최고 권력을 장악했고 '탈 스탈린주의'와 '평화 공존' 정책을 공개적으로 추진함으로써 소련 및 세계의 역사에 큰 흔적을 남긴 소련의 정치가다.

흐루시초프는 1894년 4월 5/17일[98]에 쿠르스크 시 주변의 칼리노브카 마을에서 태어났다. 그의 아버지는 농부이면서 겨울에는 돈바스 지역에서 소목장이 또는 광산 광부로 일하는 계절 노동자였다. 흐루시초프는 빈곤한 가정 사정 때문에 어려서부터 이웃 지주의 소들을 돌보면서 자랐고 교회 부속학교에서 몇 년간 초등교육을 받았다. 1908년에 흐루시초프 가족은 돈바스 지역의 중심지인 유조프카[99] 부근으로 이

주했고 흐루시초프는 열다섯 살부터 금속 노동자의 도제로 공장에 다니기 시작했다. 레나 금광의 총격 사건100이 발생했던 1912년 무렵에 그는 혁명적 노동운동에 참여하기 시작했고 그 후 공장을 옮기면서 지역 노동운동 조직가로서 점차 주목을 받게 되었다. 1914년 흐루시초프는 동료 노동운동가 피사레프I. A. Pisarev의 딸인 에프로시냐 이바노브나Efrosinia Ivanovna와 결혼하여 아들 하나와 딸 하나를 낳았다.

흐루시초프는 1917년 혁명이 터지자 좀 더 적극적으로 정치 활동에 뛰어들었다. 그는 혁명의 와중에 이후 오랫동안 그의 후견인이 될 라자르 카가노비치를 만났으며, 1918년에는 볼셰비키당에 가입했고 내전이 터지자 붉은군대 병사로서 그리고 하급 정치위원으로서 전투에 적극 참여했다. 내전이 끝나자 흐루시초프는 다시 유조프카로 돌아와 광산 경영진에 참여했고, 1922년에는 기술 교육을 받기 위해 유조프카 광업연구소 부설 노동자 학교에 입학했다. 하지만 그는 노동자 학교에 다니면서도 정치 활동을 계속했고 그 결과 1923년 말에는 유조프카의 지구당 위원회에 선출되는 등 점차 정치적으로 성장하기 시작했다. 그리고 첫 아내를 내전 중에 발진 티푸스로 잃었던 흐루시초프는 1924년에 지구당 학교의 정치경제학 교사였던 니나 페트로브나Nina Petrovna를 두 번째 아내로 맞이해 세 자녀를 두었다.

흐루시초프는 1925년에 노동자 학교를 마치면서 스탈리

노의 페트로브-마린스크 지구당 서기로서 정치에 본격적으로 뛰어들었고 그 후 유조프카, 하르코프, 키예프 등에서 당 조직책으로서 활발하게 활동했다. 그는 1920년대에 이른바 '반당 세력'과의 투쟁에서 스탈린 노선을 확고히 지지한데다가 카가노비치의 도움까지 받아 점차 자신의 능력을 인정받을 수 있었다. 하지만 흐루시초프는 좀 더 높은 자리로 올라가기 위해서는 교육과 능력 계발이 필요하다는 점을 깨닫고 1929년에 모스크바의 공업 아카데미에 진학했다. 당시 소련에서 이른바 스탈린의 '위대한 변혁'이 진행되던 것에 발맞춰 흐루시초프는 공업 아카데미에서 '우익 이탈자들'에 대한 투쟁을 성공적으로 수행했고, 1930년 5월에는 카가노비치의 후원 아래 학교 내 당 조직의 책임자가 되었다.

1931년 흐루시초프는 공업 아카데미 과정을 완전히 마치지 못한 채 모스크바 지구당 사업에 본격적으로 뛰어들어 1938년까지 모스크바의 지구당위원회 서기, 모스크바 시 당위원회 서기, 모스크바 주 당위원회 제2서기, 모스크바 시 당위원회 제1서기, 그리고 모스크바 시 및 주 당위원회 제1서기 등을 역임하면서 빠르게 출세했다. 그는 모스크바 지하철 건설을 감독하는 등 모스크바의 기반 시설을 확충하는 데 기여한 공로를 인정받아 1935년에 레닌 훈장을 받았으며, 열렬한 스탈린주의자로서 모스크바의 여러 공산당 조직에 대한 숙청 작업에서도 적극적인 역할을 수행했다. 이런 활동

덕분에 흐루시초프는 1930년대의 테러의 광풍 속에서도 살아남았을 뿐 아니라, 스탈린의 신임을 얻어 성장할 수 있었다. 그는 1934년의 소련 공산당 제17차 전당대회에서 중앙위원회 위원으로 선출되었고 1935년에는 소련 최고회의 간부회의 후보위원, 그리고 1938년 1월에는 중앙위원회 정치국 후보위원이 되었으며, 1939년 제18차 전당대회에서는 정치국 정식위원으로 선출되었다.

(2) 우크라이나에서의 갈등

흐루시초프는 소련 공산당 정치국 후보위원에 임명된 1938년 1월, 1930년대의 대대적인 숙청으로 파괴된 우크라이나 공산당 조직을 수습하기 위해 우크라이나 공산당 중앙위원회 제1서기로서 키예프에 파견되었다. 그 후 1949년 말에 모스크바로 돌아갈 때까지 약 12년 동안 그는 사실상 우크라이나의 최고 권력자로서 대규모 숙청의 뒷수습뿐 아니라 우크라이나에서의 전쟁, 재건과 통합 작업을 성공적으로 수행했다. 특히 그는 1939년 8월의 독소 협정에 따라 폴란드 동부 지역이 우크라이나에 병합되는 과정에서, 그리고 전쟁 후 우크라이나 민족주의 운동을 진압하고 소련 체제를 재확립하는 과정에서 폭력적인 탄압 정책을 적극적으로 수행했다. 이는 자신의 스탈린주의적 신념에 의한 것이기도 했지만, 대규모 테러에서 살아남기 위한 것이기도 했다. 이에 대해 흐루시초프는 퇴임 후에 "내 손은 팔뚝까지 피에 잠겼었다. 당시 나는 스탈린을 정말 믿었고 무슨 짓이든 다 했다"[101]고 언급하면서 후회했다. 그런데 흐루시초프는 당시에도 정치적 숙청이 지나치다는 생각을 갖고 있었다. 따라서 그는 몇몇 잘못된 탄압 조치를 공개적으로 비판했고 일부 희생자를 감옥이나 노동수용소에서 석방해 복권시켰으며, 심지어는 '인민의 적'의 운명에, 예컨대 그들의 노동수용소 생활, 고문, 구타 등에 관심을 갖기도 했다.

또한 흐루시초프는 우크라이나에서 농업 문제에, 그리고 농민을 포함한 일반 대중들의 고된 삶에 관심을 가졌다. 그는 소련의 곡창 지대인 우크라이나에서 전쟁 직후인 1946~1947년에 발생한 혹독한 기근을 경험하면서 스탈린 체제에서 농민들이 처한 어려운 상황을 개선해야 할 필요를 절감했다. 당시 흐루시초프는 현지의 기근을 이유로 물질적인 지원과 함께 식량 조달 요구를 완화해줄 것을 중앙 정부에 요청했다. 하지만 흐루시초프의 요청은 전후 복구를 위해 많은 식량 조달이 필요했던 중앙 정부의 입장과 충돌할 수밖에 없었다. 결국 흐루시초프는 스탈린의 심한 질책을 받고 자신의 오류를 인정하면서 물러설 수밖에 없었으며, 심지어 우크라이나 공산당 중앙위원회 제1서기직에서 잠시 물러나야 했다.

이런 작은 충돌에도 불구하고, 흐루시초프는 우크라이나에서의 활동을 통해 스탈린의 깊은 신임을 받고 있었다. 흐루시초프가 1949년 12월의 소련 공산당 중앙위원회 총회에서 스탈린을 제외한 4명의 중앙위원회 서기 중 한 명으로 선출되었고, 얼마 후 모스크바 시 당위원회 제1서기로서 중앙 정계에 복귀했다는 사실이 이를 잘 보여준다. 당시 스탈린의 건강이 악화되면서 스탈린을 둘러싼 인물들 사이에는 눈에 보이지 않는 긴장이 증대되어갔다. 당과 정부의 몇몇 뛰어난 인물이 권력 암투에 희생되었으며 스탈린은 새로운 대규모 숙청을 준비하고 있었다. 하지만 이런 상황에서도 흐루시초프는 스탈린이 죽을 때까지 말렌코프, 베리야, 불가닌 등과 함께 4~5명으로 줄어든 스탈린의 최측근 그룹의 일원으로 남아 있었다.

(3) 스탈린 사후의 권력 투쟁

1953년 3월 5일 스탈린이 죽자 스탈린의 측근들은 국가와 공산당의 요직을 나눠가졌다. 다른 사람들은 모두 소련 공산당 중앙위원회 간부회(이전의 정치국) 위원이면서 국가 기구의 요직을 차지했지만 흐루시초프는 당 중앙위원회 서기 5명 중의 한 명으로서 당 운영을 책임지는 데 만족해야 했다(스탈린 사후 당 총서기직은 폐지되었다). 이런 권력 배분은 당시 실질적인 권력 중심을 당 조직에서 국가 기구로 옮기려는 말렌코프를 비롯한 실력자들의 의중을 반영한 것이었다. 사실 당시에는 스탈린의 후계자 격으로서 수상 직을 차지했던 말렌코프와 내무부 조직을 장악한 베리야가 가장 강력한 권력을 지니고 있었다. 이들은 (그리고 다른 지도자들도) 흐루시초프를 '자기편'이라고, 그리고 자신들이 충분히 통제할 수 있다고 믿었기 때문에 그에게 당 조직의 운영을 맡겼다. 물론 흐루시초프는 이런 상황이 마음에 들지 않았다. 그는 다른 지도자들이 국정 최고 책임을 맡기에 중대한 결함을 지녔다고 생각했다. 하지만 흐루시초프는 아직 충분한 세력 기반이 없었던 터라 자신의 지위를 받아들이고 정치 상황의 변화를 예의주시하면서 때를 기다릴 수밖에 없었다.

국가와 공산당 위에서 강력한 권력을 행사하면서 소련 체제의 중심축 역할을 했던 스탈린의 사망은, 비록 스탈린이 자신의 사후에 집단 지도 체제가 유지되기를 기대했고 그 후계자들이 집단 지도의 원칙을 공식적으로 표방했지만, 소련 지도부 내의 치열한 권력 투쟁으로 이어졌다. '굳건한 의지와 넘치는 재치, 신속하면서도 용의주도한 머리회전 능력'을 지닌 흐루시초프는 취약하게 보였던 자신의 지위를 이용해 경쟁자들을 차례로 물리치면서 1955년 중엽에는 집단 지도 체제 내의 제1인자로 부상했다.

1953년 6월, 흐루시초프는 우선 '인간 백정' 베리야를 제거하는 데 주도적인 역할을 했다. 당시 베리야는 내각의 제1부수상으로서 정국을 주도했을 뿐 아니라, 내무장관으로서 여전히 정부 및 당의 통제를 받지 않던 내무부의 여러 무장 세력을 장악했기 때문에 모든 사람들에게 두려움을 불러일으키는 존재였다. 이런 베리야를 제거한 후, 당 지도부 내에서 흐루시초프의 권위는 증대되었고, 1953년 9월에는 신설된 소련 공산당 중앙위원회 제1서기로 선출되었다. 그 후 흐루시초프는 소련 공산당 중앙위원회 제1서기로서 당 중앙위원회의 위상을 강화하기 위해 노력했고, 주로 중앙위원회 간부회에 집중되어 있던 당내 논의 및 결정 구조를 점차 확대함과 동시에 새로운 인물들을 당 지도부에 끌어들였다. 그 결과 국정 운영의 권력 중심이 점차 당 중앙위원회로 이동했고, 당 지도부 내에서 흐루시초프의 입지는 더욱 강화되었다. 1954년 11월에 이르면 흐루시초프는 당 중앙위원회의 모든 기구를 완전히 장악하고 본격적으로 국가수반인 말렌코프를 공격하기 시작했다. 결국 1955년 1월 말렌코프는 당 중앙위원회 총회에서 자신이 추진했던 소비재 중심의 경제 정책들과 관련하여 격렬한 비난을 받은 후 수상직에서 물러나게 되었고, 대신에 불가닌이 흐루시초프의 지명을 받아 새로운 수상으로 임명되었다. 이렇게 하여 흐루시초프는 스탈린 사망 이후 가장 강력한 경쟁자였던 베리야-말렌코프 세력을 무너뜨렸던 것이다.

이제 흐루시초프는 집단 지도 체제 내의 제1인자로서 좀 더 과감하게 소련의 국내외 정책을 자신이 원하는 방향으로 추진하고자 노력했다. 그는 1955년 5월에 새로운 수상 불가닌과 함께 유고슬라비아를 방문하여 스탈린의 잘못을 사과하고 유고슬라비아 사회주의의 독자적인 노선을 인정함으로써 스탈린 시대 말기부터 악화되었던 양국 외교 관계의 정상화를 추진했다. 그 후에도 흐루시초프는 제네바, 아프가니스탄, 인도 등을 직접 방문하는 정상외교를 통해 소련의 외교 정책을 적극적으로 주도했다. 또한 1956년 2월의 소련 공산당 제20차 전당대회에서 자본주의와 공산주의 사이의 전쟁이 결코 피할 수 없는 것은 아니라고, 즉 자본주의와 공산주의의 평화 공존이 가능하다고 주장했을 뿐 아니라, 2월 25일에 행한 개인숭배와 그 결과들에 관한 연설에서는 스탈린의 권력욕과 무자비하고 폭력적인 정치적 테러, 잘못된 정책들을 신랄하게 비난하면서 마르크스-레닌주의의 옹호자로 처신했다. 그리고 계속해서 스탈린 시대의 무고한 탄압에 희생된 수많은 정치범을 석방하고 복권시켰다.

또한 흐루시초프는 제20차 전당대회 이후 자신과 측근들의 세력을 더욱 강화하고 여러 국가 정책을 자기가 원하는 방향으로 추진하기 위해 정부와 당 요직에 있던 스탈린의 오랜 측근 인사들을 제거하고자 했다. 예컨대 그는 외교 정책에서 입장 차이를 보였던 외무장관 몰로토프를 이미 제20차 전당대회 이전부터 공격해왔고, 그에 따라 몰로토프는 제20차 전당대회 얼마 후인 1956년 6월에 외무장관직에서 물러나야 했다.

하지만 흐루시초프에게 밀려난 말렌코프, 몰로토프 등은 자신들의 권력과 지위의 상실을 조용히 받아들이려 하지 않았으며 더 늦기 전에 흐루시초프를 제거하기 위해 음모를 조직했다. 그러나 흐루시초프는 이런 음모를 이용해 오히려 자신의 권력을 강화했다.

음모의 주모자들은 흐루시초프가 핀란드 방문에서 돌아오기로 예정된 1957년 6월 18일을 거사일로 선택했다. 이미 몇 년 동안 흐루시초프가 중앙위원회 간부회에서 회의를 주재해왔지만 이날의 회의는 몰로토프 등의 지지를 받아 불가닌이 주재했다. 이 자리에서 흐루시초프는 4명의 지지를 얻는 소수파로 전락한 반면, 반대 세력은 말렌코프, 몰로토프, 불가닌 등 7명으로 구성된 다수파를 형성했다. 이들 반대 세력은 우선 흐루시초프를 중앙위원회 제1서기직에서 해임하거나 제1서기직 자체를 폐지할 것, 그리고 자신들도 당에 실질적인 영향력을 행사할 수 있는 서기국의 일원이 되도록 해줄 것 등을 요구했다. 하지만 흐루시초프는 격렬한 논쟁 속에서도 반대 세력의 퇴임 요구를 받아들이지 않고 그런 문제를 논의하여 결정할 당 중앙위원회 전체회의 소집을 요구했다.

그런데 1957년 6월 22일에 소집된 중앙위원회 특별 전체회의에서 흐루시초프와 반대 세력의 세력 관계는 역전되었다. 중앙위원회는 흐루시초프의 퇴임에 관한 간부회의 결정을 기각하고 오히려 말렌코프, 몰로토프, 불가닌 등 반대 세력들을 반당(反黨) 그룹으로 비난하면서 당 중앙위원회 및 간부회에서 축출했다. 동시에 흐루시초프는 당 간부회 위원을 11명에서 15명으로 확대해 빈자리를 자신의 측근으로 채웠다. 그 결과 흐루시초프는 어떤 도전이나 견제도 받지 않는 강력한 권력을 행사하게 되었고, 1958년 3월에는 수상직까지 겸임함으로써 공산당과 정부의 실질적인 수반으로서 개인 독재 체제를 확립했다.

(4) 위기와 실각

소련의 최고 실력자가 되자 흐루시초프는 소련의 궁극적인 목표인 '공산주의 사회'의 윤곽을 묘사하고 그것에 도달할 수 있는 길을 제시하려 했다. 그는 국가의 사업에 국민들의 자발적인 참여를 유도하기 위해서는 물질적인 유인 동기와 함께 미래에 관한 장기적이고 낙관적인 목표와 전망을 제시해야 한다고 생각했다. 동시에 그는 소련 국민들에게 더 나은 삶을 보장해주려는 자신의 진지한 열망을 과시하고자 했다. 그런 시도의 하나로 흐루시초프는 소련 공산당 제20차 전당대회에서 결정된 새로운 당 강령 작성 작업을 자신의 주도 아래 추진했고, 스탈린주의와의 결별을 상징하는 새로운 당 강령을 1961년 10월의 소련 공산당 제22차 전당대회에서 채택했다. 이 과정에서 흐루시초프는 소련 사회가 20년 내에 사회주의 단계를 넘어서 공산주의 단계로 진입할 것이라는, 따라서 선진 자본주의 국가들을 훨씬 앞지르게 될 것이라는 장밋빛 전망을 여러 차례 제시했다.

그러나 현실은 흐루시초프의 희망과 계획대로 개선되기는커녕 오히려 부정적인 징후를 보이기 시작했다. 1960년대에 들어서면서 공업 분야에서는 생산의 효율성, 투자 성과, 노동성 등이 떨어지기 시작했고, 농업 분야에서는 농축산물 생산량의 증가 속도가 떨어져 1963년의 대흉년 때는 역사상 처음으로 외국에서 곡물을 수입해야 했다. 또한 도시 인구가 급속히 증가하면서 소비자 물가가 상승하고 식료품 부족이 심화되었다. 이런 비참한 현실은 얼마 전에 지도부가 약속한 풍요로운 미래와 대비되면서 소련 정부와 공산당, 그리고 흐루시초프 개인의 능력에 대한 강한 불신을 낳았다. 대중의 환멸과 분노는 여러 지역에서 대중 시위를 비롯한 다양한 형태로 표현되었다.

이런 상황에서 흐루시초프는 즉흥적인 땜질식 처방과 독단적인 조직 재편을 남발함으로써 당면 문제를 더욱 악화시켰을 뿐 아니라, 스스로도 점차 고립되었다. 사실 흐루시초프와 그의 측근들은 여전히 소련 체제의 우월성을 신봉하고 있었기 때문에, 기존 체제와 그 기본 원칙에 대한 전면적인 재검토가 아니라 기존 체제의 부분적인 개선과 효율적인 운영만으로도 충분하다고 생각했다. 게다가 1958년 3월 흐루시초프가 당과 국가의 통제권을 자신에게 집중시킨 이후에는 사실상 그의 행동을 견제할 만한 세력이 없었으며 흐루시초프도 다른 사람들의 비판이나 조언에 귀를 기울이지 않았다. 오히려 그는 다른 사람들의 비판이나 조언을 노골적으로 무시했다. 그 결과 그의 주변은 끊임없이 아첨과 찬양을 바치는 사람들로 들끓었고 흐루시초프는 사전 논의나 심사숙고도 하지 않은 채 새로운 정책들을 실행했으며 국가 및 당 조직을 끊임없이 개편했다. 예컨대 농업 문제를 해결하기 위해 여러 차례 집단농장-국영농장의 행정 조직을 재편했고, 경제 계획의 달성에 실패할 때마다 경제 개발 계획 단위를 7개년 또는 5개년으로 바꾸었으며, 1962년에는 소련 공산당 조직을 산업 부문과 농업 부문으로 나누었고, 당 관료들의 반대에도 모든 당직의 임기를 제한하는 정책을 실시하고자 했다.

이렇듯 흐루시초프는 자신이 권력을 장악하기 위해 이용했던 당 지도부 내의 합의 형성 과정을 무시하면서 독재 권력을 일방적으로 행사했다. 이에 따라 흐루시초프에 대한 불만과 반감이 여러 사회 계층 사이에 점차 폭넓게 확산되었고, 정부 및 당의 고위 관료들은 흐루시초프의 행동이 자신들의 기득권을 심각하게 침해할 뿐 아니라 소련의 권위주의 체제 자체를 위협한다고 생각하게 되었다.

또한 소련 외교 정책의 성공과 실패도 흐루시초프의 운명에 적지 않은 영향을 미쳤다. 사실 흐루시초프의 외교 노선,

즉 평화 공존 노선은 두 가지 논거에서 시작되었다. 우선 소련 지도부는 2차대전 이후 소련 경제가 급속하게 재건된데다 핵무기와 우주 개발 분야에서 눈부신 성공을 거둠으로써 체제에 대한 자신감이 고양되었다. 하지만 핵무기의 엄청난 파괴력은 만약 핵전쟁이 발발한다면 인류 전체가 멸망할 수 있다는 두려움을 던져주었다. 따라서 흐루시초프를 비롯한 소련 지도부는 핵전쟁이 수반될 세계대전이 아니라 평화 공존하의 체제 경쟁을 통해 사회주의 체제의 우월성을 입증하면 된다고 생각했다. 또한 소련의 국방 체제를 핵과 미사일을 중심으로 재편한다면 국방 예산을 절감하고 병력을 축소하여 이를 민간 경제 부문에 투자할 수 있다는 정치적 계산도 있었다.

하지만 평화 공존, 즉 서방에 대한 화해 정책은 앞에서 언급했던 유고슬라비아의 사회주의를 비롯한 다양한 사회주의적 경로의 인정과 결합하여 사회주의권 내에서 소련의 권위와 영향력을 약화시켰을 뿐 아니라, 사회주의권의 분열과 함께 심각한 중소 분쟁을 초래했다. 특히 중소 분쟁 때문에 소련은 중국의 위협에 대처하기 위해 극동 지역의 재래식 전력을 증강 배치했고, 동유럽과 제3세계에서 권위와 영향력을 유지, 확대하기 위해 엄청난 물적·인적 원조를 제공했다. 게다가 미국과 서유럽 국가들은 소련의 평화 공존 정책을 불신했기 때문에 군사력을 계속 증강했고 그에 따라 소련도 국방 예산을 늘릴 수밖에 없었다. 결국 흐루시초프의 평화 공존 외교는 국방 예산을 축소하지도 못했고, 소련의 국제적 위상을 강화하는 데도 큰 도움이 되지 않았다. 따라서 흐루시초프는 소련 외교 정책의 실패에 대해 비난을 피할 수 없었다. 특히 쿠바 위기에서 흐루시초프는 사소한 문제로 국가 전체를 전쟁 직전으로까지 몰고 간 다음, 결정적인 순간에 서방측에 굴복함으로써 소련의 국제적 위신을 크게 훼손했다는 혹독한 비난을 받았다.

이런 상황에서 흐루시초프를 겨냥해 늦어도 1964년 봄부터 조직되기 시작한 당 고위층 인사들의 음모가 결국 1964년 10월에 실행되었다. 1964년 10월 13일에 당시 크림 반도에서 휴가를 보내고 있던 흐루시초프는 모스크바로 긴급히 호출되어 소련 공산당 중앙위원회 간부회에 참석했다. 그 자리에서 흐루시초프는 신랄한 비판을 받은 후 퇴임 성명서에 서명하도록 강요받았다. 그리고 그 다음 날에 열린 소련 공산당 중앙위원회 전체회의는 흐루시초프의 퇴임을 승인한 후 브레주네프L. I. Brezhnev를 소련 공산당 중앙위원회 제1서기로, 코시긴A. N. Kosygin을 소련 각료회의 의장으로 선출했다.

실각 이후 흐루시초프는 소련 내에서 '없는 사람'처럼 취급되었다. 그는 1971년 9월 11일에 사망할 때까지 거의 모든 외국인과 접촉이 차단되었을 뿐 아니라, 심지어 대다수 소련 사람과도 단절된 상태로 가택 연금 생활을 했다. 그런 상황에서도 흐루시초프는 소련 지도자로서는 처음으로 자신의 회고록을 구술·녹음했고, 해외로 유출된 일부 녹음테이프에 근거한 영어판으로 1970년에 첫 번째 회고록이, 그리고 1974년에 두 번째 회고록이 미국에서 출간되었다. 페레스트로이카 이후에는 러시아에서도 회고록 전체가 출판되었다.

2. 스탈린 격하 연설 혹은 비밀 연설

1956년 2월 14일에서 25일까지 모스크바의 크렘린 대궁전에서는 소련 공산당 당원 679만 5,896명과 후보당원 41만 9,609명을 대표하는, 표결권을 지닌 대의원 1,349명과 심의권을 지닌 대의원 81명, 그리고 55개국의 외국 공산당 대표단 등이 참석한 소련 공산당 제20차 전당대회가 열렸다. 이 전당대회의 가장 중요한 특징은 스탈린에 대한 개인숭배를 비판하고 소련 정부 및 공산당의 새로운 정책 방향을 설정하는 것이었는데, 이는 대회장에서 스탈린의 동상이나 사진이 완전히 사라졌다는 사실을 통해 상징적으로 표현되었다. 특히 전당대회 마지막 날인 2월 25일 오전의 비공개 회의에서 행해진 개인숭배와 그 결과에 대한 흐루시초프의 보고 연설은 소련 공산당 제20차 전당대회를 소련 역사의 전환점으로 만든 엄청난 사건이었다. 그 보고 연설, 즉 이 책에 번역된 흐루시초프의 이른바 '비밀 연설'은 '세계 공산주의 운동과 소련 인민의 현명한 지도자이자 교사이며 레닌의 동료이자 뛰어난 제자'로 찬양받던 스탈린의 범죄 행위를 구체적으로 폭로하고 있다. 나아가 흐루시초프는 소련과 사회주의권의 공산당원들로 하여금 자신의 비밀 연설문을 읽고 토론하도록 촉구함으로써 소련 공산당 전당대회 참석자들의 당황과 충격을 넘어서서 소련 사회 전체에, 나아가 전 세계에 파장을 불러일으켰다(소련 지도부는 비공개 회의의 속기록을 작성하지 않았고 참석자들의 메모도 허용하지 않았다. 하지만 비밀 연설의 내용은 참석자들을 통해 소련 사회에 곧바로 알려졌고, 비공개 회의에 참석한 외국 공산당 지도자와 서방 언론에 유출된 일부 복사본을 통해 서방 세계에도 그 내용이 알려지게 되었다. 하지만 흐루시초프와 소련 지도부는 보고 연설문에 대해 공식적으로 인정하지 않았다. 흐루시초프의 보고 연설문은 페레스트로이카 시대가 되어서야 러시아어로 정식 출판되었다). 소련의 유명 작가인 에렌부르그I. G. Erenburg는 그 연설이 소련 사회에 미친 파장에 대해 이렇게 회고한다.

> 2월 25일 비공개회의에서 흐루시초프가 보고할 때, 몇몇 대의원은 실신했다…그 보고문을 읽으면서 나는 충격을 받았다. 정말 이것이 복권된 사람이 친구들 사이에서 한 말이 아니라, 중앙위원회 제1서기가 전당대회에서 한 말인가.

1956년 2월 25일은 나에게, 그리고 우리나라의 모든 사람들에게 위대한 날이 되었다…어디에서나 스탈린에 대해 이야기했다. 모든 집에서, 작업장에서, 식당에서, 지하철에서.102

그런데 흐루시초프는 당시 소련 공산당 중앙위원회 제1서기였음에도 불구하고 이런 엄청난 파장이 예상되는 스탈린 격하 연설을 소련 공산당 또는 중앙위원회가 아니라 개인의 명의로 감행했다. 흐루시초프의 이런 행동은 스탈린 지지자들이 여전히 권력을 장악하고 있던 상황인데다가 흐루시초프 자신도 스탈린 시대에 정치적으로 성장했다는 사실을 감안하면 소련 체제 자체에도 그리고 흐루시초프 개인에게도 상당한 위험을 초래할 수 있는 도박 같은 정치적 결단이었다. 하지만 이전에 알려진 것과 달리, 스탈린 격하 연설은 비록 흐루시초프가 주도적인 역할을 수행했지만, 결국 소련 공산당 중앙위원회 간부회와 중앙위원회 전체회의에서 승인을 받아 이루어진 것이었다. 다시 말해서 당시 소련 지도부도 스탈린의 개인숭배, 즉 정치적 테러 행위를 비판할 필요성에 공감하고 있었던 것이다.

그렇다면 이제 흐루시초프가 스탈린의 범죄 행위를 공개적으로 비판하는 것이 가능했던, 어떤 의미에서는 불가피했던 이유와 배경을 검토한 후, 비밀 연설의 준비 과정과 내용 그리고 역사적 의미 등을 간단하게 살펴보자.

(1) 비밀 연설의 시대적 배경

소련 사회주의 체제의 기본 틀이 형성되었던 스탈린 시대는 엄청난 성취와 경악스러운 범죄가 공존하던 시대였다. 우선 스탈린은 자신이 장악한 권력을 이용해 농업 집단화, 중공업 중심의 급속한 산업화, 문화혁명 등을 무자비하게 추진함으로써 엄청난 경제적 성장과 함께 급격한 사회적 변화를 이루어냈다. 그의 지도 아래 소련은 자본주의 세계가 심각한 경기 침체를 겪고 있는 상황에서도 높은 경제 성장률을 유지할 수 있었다. 그에 따라 소련 사회는 유럽에서 가장 후진적인 문맹자들의 농업 사회에서 국민 다수가 문맹에서 벗어난 도시 중심의 산업 사회로 변모했다. 게다가 1940년대에 소련은 강력한 독일 침략군을 격퇴하면서 파시즘의 몰락에 지대한 공헌을 했을 뿐만 아니라, 전쟁 직후에는 동유럽 지역을 통제할 수 있는, 그리고 세계의 주요 문제에 상당한 영향력을 행사할 수 있는 초강대국으로 성장했다.

하지만 스탈린 시대에는 이런 성과 못지않은 범죄 행위가 존재했다. 1929년에 시작된 강제적인 농업 집단화에서부터 내무 인민위원부와 정치경찰의 무자비한 테러에 이르기까지 스탈린의 정책은 무고한 사람들에 대한 대규모 학살을 수반했다. 게다가 많은 학살은 불법적으로 은밀하게 이루어졌기 때문에 그 누구도 스탈린 체제하에서 희생된 사람들의 정확한 숫자를 계산할 수 없을 정도였다. 문제는 이런 대규모 테러가 급격한 산업화와 농업 집단화, 대조국전쟁 등 스탈린의 이름으로 이룩된 눈부신 성과, 그리고 그에 대한 대중의 열광적인 지지와 대비되는 듯하지만 실제로는 밀접하게 연관되었다는 점이다. 사실 대규모 테러 행위는 스탈린과 그의 측근들이 당내의 권력 투쟁에서 우위를 차지하기 위해, 아니면 특정한 사회적·정치적·경제적 목표를 달성하기 위해 사용했던 가장 중요한 정치적 수단이었으며, 스탈린은 이를 통해 절대적인 권위와 권력을 누렸다.

그런데 스탈린의 독재와 테러 정책이 소련 정부와 공산당에 가져다준 피해는 극심했다. 특히 1930년대의 대규모 테러는 일반 시민뿐 아니라 지위 고하를 막론하고 수많은 공산당 당원과 국가 관리에게도 타격을 가했다. 때때로 국가 및 공산당의 주요 기관들은 기간요원들의 대규모 희생 때문에 맡은 업무를 제대로 수행할 수 없는 지경에 이르기도 했다. 또한 국가와 당의 여러 기관은 경계심 촉구 캠페인 등에 동원되었을 뿐 아니라, 인사 및 정책 추진에서 내무부 또는 비밀경찰 등에 예속되는 경향이 있었다. 게다가 대규모 탄압은 국가 및 당의 여러 기관의 도덕적 권위를 훼손했고 각 기관 내에 상호 불신감, 중상모략과 상호 비방을 확산시켰다. 하지만 가장 큰 문제는 국가와 당의 기간요원들이 느꼈던 신분 불안이었다. 스탈린 시대에는 그 누구도 자신이나 다른 사람이 맡은 직책을 얼마나 오랫동안 유지할 수 있을지, 심지어 언제 흔적도 없이 사라질지 알 수 없었다. 이런 상황은 고위 관료에게도 마찬가지였다. 소련 사회주의 체제가 확립되면서 상당한 규모로 팽창되고 있던 공산당, 행정부, 군부, 경제계 등의 관료 계층은 신분 안정과 업무 자율성이 보장되기를 원했다. 하지만 스탈린은 죽기 직전까지 새로운 테러를 준비했고 몰로토프, 미코얀, 베리야 등 스탈린의 최측근까지도 새로운 테러가 자신들을 휩쓸어 갈지 모른다는 두려움에 떨어야 했다.

따라서 1953년 3월 5일에 스탈린이 사망했을 때 소련의 새로운 지도자들은 스탈린의 일인 독재와 자의적인 테러 정책이 더 이상 계속되어서는 안 된다는 데 쉽게 합의했다. 물론 그들은 스탈린이 죽자마자 최고 권력을 둘러싼 암투를 전개했고, 그들의 권력 투쟁은 국가 정책에 대한 입장 차이와 결부되면서 치열하고 복잡하게 진행되었다. 하지만 이들은 다른 누군가가 절대적인 권력을 행사하거나 탄압을 정치 수단으로 사용하는 것을 허용해서는 안 된다는 점에는 동의했다. 그러나 그들 자신이 스탈린 아래에서 출세하고 스탈린의 선택을 받은 완벽한 스탈린주의자였기 때문에 스탈린주의나 스탈린의 독재와 테러 정책을 공개적으로 비판할 수는 없었다. 게다가 그들은 스탈린의 범죄에 대한 비판이 소련 체제의 정당성을 부정하는 것으로 받아들여질 위험이 있으며, 잘못하면 비난의 화살이 스탈린의 최측근이었던 자신들에게 돌아올 위험이 크다는 사실을 잘 알고 있었다. 따라서 소련의 새 지도자들은 대외적으로 집단지도 체제와 사회주의적 준법성을 강조함으로써 스탈린의 독재 및 테러 정책을 간접적으로 비판하는 데 그칠 수밖에 없었다.

한편 소련 사회 내에서는 스탈린이 사망하기 이전부터, 즉 대조국전쟁 시기와 그 직후부터 변화를 바라는 분위기가 확산되고 있었다. 우선 대조국전쟁의 경험은 소련 국민에게 현실을 객관적으로 볼 수 있는 계기를 제공했다. 오랫동안 스탈린 체제에 억눌려 있던 사람들은 전쟁 초기의 위기 상황에서 오히려 모든 것이 바로 자신들에게 달려 있다는 사명감과 당면한 문제들을 스스로 결정하고 그 결과에 대해 책임지는 독립적인 인간으로서 해방감을 느꼈다. 또한 수백만의 소련 병사들은 '파시스트 세력들'을 뒤쫓아 동유럽 지역에 머물면서 다른 나라의 현실을 직접 목격했다. 또한 소련은 자본주의 국가인 미국, 영국 등과 함께 파시스트 독일에 맞서 싸우는 과정에서 서방의 자본주의 국가들과 교류를 확대했고, 그 결과 소련인들은 자본주의 국가의 다양한 문화를 접할 수 있었다. 게다가 전쟁 후에는 소련의 국제적 지위가 강화되었다. 소련은 더 이상 자본주의 열강들에게 포위당한 고립된 사회주의의 요새가 아니었다. 따라서 자국 국민들에게 이전과 같은 희생과 경계심을 기대하기는 어려웠다. 그리고 실제로 소련 국민은 힘겨운 전쟁을 승리로 끝내고 소련이 국제 사회의 초강

대국으로 부상하자 이에 대해 강한 자부심을 느끼면서 풍요롭고 안정된 생활을 기대했다. 하지만 대조국전쟁의 엄청난 피해 때문에, 그리고 중공업 중심의 경제 정책 때문에 대중들의 생활 환경은 빠르게 개선될 수 없었고, 그에 따라 현실에 대한 대중의 불만도 점차 표출되기 시작했다.

이런 상황에서 소련 지도부는 스탈린 시대와 똑같은 방식으로 국민을 다스릴 수는 없었다. 국가 정책의 변화는 정치적 탄압의 희생자에 대한 사면과 복권, 가혹한 사법 체제 완화 등 사법 분야를 넘어서서 경제, 외교, 문화 등 다른 분야로까지 확산되었다. 예컨대 1953년 3월 말에는 5년 이하의 실형을 선고받은 형사범 100만 명 이상을 대상으로 하는 사면법이 채택되었고, 뒤이어 '의사-반역자 사건', '레닌그라드 사건' 등 스탈린 시대의 조작 사건들이 재조사되어 무고한 희생자의 사면과 복권이 이루어졌다. 또한 소련 지도부는 스탈린 시대의 중공업 중심의 경제 정책에서 벗어나 농업 및 소비재 산업의 발전에 많은 관심을 기울였으며, 엄격한 사상 통제에서 벗어나 문화예술 분야에서의 해빙을 허용했고, 외교적으로는 자본주의 세계와의 계급 전쟁 노선에서 벗어나 자본주의와의 평화 공존 및 체제 경쟁 노선을 추구했다. 이렇듯 소련 지도부는 공식적으로는 여전히 스탈린을 찬양하면서도, 사실상 스탈린 시대와 다른 새로운 정책을 실행했다.

그런데 스탈린에 대한 이런 태도는 이데올로기적 측면에

서 새로운 지도부에 적지 않은 부담을 안겨주었다. 소련 공산당은 역사적 유물론의 관점에 입각해 모든 역사 과정을 과학적으로 해석할 수 있다고 주장하면서 소련 체제의 역사적 정당성, 나아가 진보성을 강조해왔다. 그런 공산당이 20년 이상 소련 사회를 지배했던 지도자에 대해 어떤 명확한 평가도 없이 그의 정책을 폐지, 수정하는 모습을 계속 보일 수는 없었다. 게다가 스탈린에 대한 평가는 소련 사회에서, 특히 체제 재편과 관련해 여러 정치 세력 사이에서 커다란 상징성을 지니고 있었다. 소련의 새 지도부는 스탈린의 이론 틀에서 벗어난 정책들을 추진하거나 계획하고 있었기 때문에 스탈린의 권위를 계속 인정할 경우 반대 세력에게 자신들의 정책을 반박할 이론적 근거를 제공할 수 있었다. 예컨대 소련의 새 지도부는 집단 지도 체제와 사회주의적 준법성을 강조했지만, 지방의 사법 기관은 여전히 스탈린 시대의 관행을 반복했고 일부 당 관료와 시민들은 스탈린 시대의 용어와 논리를 사용하여 정부 정책을 자유주의적 또는 기회주의적이라고 비판했다. 이런 상황에서 흐루시초프 등 새 지도부는 자신들의 권위를 강화하고 자신들의 국내외 정책을 제대로 추진하기 위해서 스탈린 시대의 잘못된 논리와 관행을 공개적으로 비판할 필요가 있었다.

또한 소련의 새 지도부는 스탈린 시대에 자행된 정치적 탄압의 희생자를 사면·복권하는 과정에서 스탈린에 대한 자신들의 입장을 명확히 밝혀야 한다는 압박감을 느끼게 되었다. 감옥과 수용소 등에는 여전히 수십만, 아니 수백만 명의 정치범들이 갇혀 있었고, 국가와 공산당 관계 기관에는 스탈린 시대의 조작 사건을 재검토해 무고한 사람들을 사면·복권해달라는 진정서가 쇄도했다. 게다가 소련의 새 지도부는 점차 강제적인 수용소 체제를 계속 유지하기가 힘들다는 점을 인식하게 되었다. 한때 수감자들의 강제 노동은 일종의 값싼 노예 노동으로서 소련의 산업화와 전쟁 수행에 적지 않은 도움을 주었다. 하지만 강제 수용소는 이제 막대한 경비(警備) 비용 때문에 경제적으로 비효율적일 뿐 아니라 정치적으로도 부담스럽게 되었다. 특히 스탈린 사후에 일어난 몇몇 수용소의 파업과 봉기는 탱크와 비행기까지 동원한 후에야 진압할 수 있었다. 새 지도부는 수많은 수용소에 갇힌 정치적 탄압의 희생자들이 머지않아 석방되어 사회로 돌아갈 가능성을 고려하지 않을 수 없었다. 한때 '인민의 적'으로 비판받았던 사람들이 공개석상에 다시 모습을 드러내고 자신의 경험을 발설할 것이다. 따라서 소련의 새로운 지도부는 이런 현상이, 나아가 공산당의 공식 이데올로기에 어긋난 이들의 이야기가 소련 사회에 미칠 파장을 걱정하지 않을 수 없었다.

(2) 비밀 연설의 준비 과정

1955년 4월 초 소련 공산당 중앙위원회 간부회는 1956년

2월 14일에 소련 공산당 제20차 전당대회를 소집하기로 결정했고, 흐루시초프는 이를 준비하면서 스탈린 사망 이후 처음 열리는 전당대회에서 스탈린의 개인숭배 문제를 거론해야 한다고 생각하게 되었다. 흐루시초프의 이런 판단에는 스탈린 시대의 정치적 탄압이 되풀이되는 것을 막아야 한다는, 그리고 무고한 희생자들에게 자유와 명예를 되돌려줘야 한다는 사명감 또는 의무감이 중요한 요인으로 작용했을 것이다. 하지만 이런 사명감은 스탈린의 정치적 탄압에 관한 책임에서 벗어나고자 하는 소망과 결부되어 있었다. 다시 말해서 흐루시초프 등은 상황에 떠밀려 스탈린 시대의 정치적 탄압에 대해 변명하기보다는, 자신들이 먼저 그런 사실들을 전당대회 직전에 알았던 것으로, 아니면 자신들도 어쩔 수 없었던 것으로 공개하고 해명한다면 정치적 탄압과 관련된 책임에서 벗어날 수 있을 것이라고 판단했다.

게다가 스탈린 문제는 몰로토프, 카가노비치, 보로실로프 등 원로 스탈린주의자를 공격할 수 있는 좋은 수단이었다. 사실 흐루시초프는 1953년에 내무장관 베리야를 제거할 때와 1955년 초 정부 수반 말렌코프를 실각시킬 때도 스탈린 시대의 몇몇 정치적 탄압 사건에 대한 책임 문제를 권력 투쟁의 중요한 수단으로 이용했다. 이렇게 베리야-말렌코프 세력을 무 뜨리면서 사실상 집단 지도 체제 내의 제1인자가 되었던 흐루시초프는 외교 분야 등에서 여전히 스탈린주의적 노선을 고집하는 보수 세력을 약화시킬 필요가 있었다. 다시 말하자면 스탈린 대한 비판은 스탈린의 오랜 측근으로서 당시 소련 공산당 내에서 원로 대접을 받고 있던 몰로토프 등의 명예를 실추시킬 것이다.

이런 판단에 따라 흐루시초프는 1955년 내내 정치범의 사면·복권 문제와 함께, 스탈린 시대의 정치적 탄압에 많은 관심을 기울였다. 동시에 그는 스탈린 시대의 범죄와 관련하여 자신을 비난하는 데 이용될 소지가 있는 서류들을 폐기했고, 1955년 7월 중앙위원회 총회에서는 스탈린 시대의 정치적 범죄에 별로 연관되지 않은 젊은 세대를 주요 당직에 임명함으로써 당 지도부 내의 세력 관계를 자신에게 유리하게 재편했다.

이렇게 나름의 준비를 끝낸 후 흐루시초프는 1955년 가을 무렵 중앙위원회 간부회에서 스탈린의 개인숭배 문제를 정식으로 제기했고, 이후 중앙위원회는 스탈린 문제를 둘러싼 논의를 여러 차례 계속했다. 예컨대 1955년 12월 31일의 회의에서는 1930년대 후반의 정치적 탄압에 관한 모든 자료를 검토하기 위해 중앙위원회 서기인 포스펠로프P. N. Pospelov를 수반으로 한 특별위원회를 설치하기로 결정했다. 뒤이어 1956년 2월 1일 회의에서는 이미 밝혀진 스탈린의 범죄 행위를 당에 알려야 한다는 주장이 제기되었으며, 2월 9일의 회의에서는 포스펠로프 위원회의 충격적인 조사 결과를 보고받은 후 간부회 위원들은 양분되었다. 우선 다수파는 포스펠로프 위원회의 조사 결과를 전당대회에 알려야 한다는 흐루시초프의 입장을 지지했던 반면 몰로토프, 카가노비치, 보로실로프 등 원로 스탈린주의자들은 밝혀진 사실을 인정하면서도 전당대회에서 스탈린의 개인숭배를 비판하자는 주장에 대해서는 우려와 반감을 표시했다. 하지만 소수파는 대세를 거스를 수 없었고 이날 간부회는 포스펠로프 위원회의 결론을 공식적으로 승인했으며 그 내용을 전당대회에 알리기 위해 연설문 형태로 바꾸도록 포스펠로프에게 지시했다.

하지만 전당대회 전날인 2월 13일의 회의에서 중앙위원회 간부회는 사회적 파장을 줄이기 위해 전당대회 마지막 날의 비공개 회의에서 흐루시초프가 자신의 이름으로 스탈린의 개인숭배를 다룬 보고 연설을 하는 데 합의한 후, 이런 결정을 중앙위원회 전체회의에서 승인받았다. 이런 결정의 배경에는 보고 연설이 몰고 올 엄청난 사회적 파장을 우려한, 그러면서도 그 책임을 회피하려 한 원로 스탈린주의자들의 의도와 함께, 마르크스-레닌주의의 이름으로 스탈린을 비판함으로써 스스로 마르크스-레닌주의의 수호자로 부각시키려는 흐루시초프의 정치적 계산이 있었다. 또한 중앙위원회 간부회는 논의 과정에서 스탈린 비판이 소련의 국가 체제와 공산당, 보다 구체적으로는 지도부의 권위를 실추시켜서는 안 된다는 데, 다시 말해서 진실보다는 당의 이익을 우선

해야 한다는 데 합의했다. 이런 합의에 입각하여 흐루시초프는 2월 19일에 포스펠로프 등이 마련한 연설문 초안과 기타 자료를 참조하면서 연설문 초고를 작성했다. 그리고 간부회 위원들과 후보위원들의 검토와 승인을 거쳐 2월 23일에 최종 원고가 완성되었으며, 흐루시초프는 그것을 토대로 2월 25일의 비공개 회의에서 스탈린의 개인숭배를 비판했다.

그런데 흐루시초프의 비밀 연설은 그다지 오랫동안 비밀로 남아 있지는 않았다. 3월 1일 흐루시초프는 편집된 연설문을 당 중앙위원회 간부회에 보내면서 연설문의 내용에 대한 이견이 없으면 연설문 사본을 당 조직들에 보내자고 제안했다. 이에 3월 5일 당 중앙위원회 간부회는 연설문 사본을 모든 공산당원과 공산청년동맹뿐 아니라, 열성적인 노동자, 사무원, 집단농장 농민들에게도 알리기로 결정했다. 이에 따라 연설문은 출판용이 아니라는 도장을 찍은 소책자의 형태로 널리 유포되었고 전국 각지의 여러 토론 모임에서 낭독되고 토론의 대상이 되었다. 또한 전당대회에 참석한 동유럽 공산당 지도자들에게는 소련 대표들이 2월 25일 밤에 연설문을 다시 읽어주면서 메모하도록 허용했다. 특히 폴란드 공산당은 연설문의 유포에 적극적이어서 당 본부에 러시아어판 연설문을 비치해 놓았을 뿐 아니라, 폴란드어 번역본을 인쇄하여 모든 당 조직에 유포하기도 했다. 그런데 4월 초 이스라엘 첩보기관이 바르샤바에서 유대계 폴란드인을 통해 연설문의 폴란드어 번역본을 확보하여 미국 CIA에 넘겼고, 뉴욕 타임스가 미국 국무부로부터 관련 자료를 건네받아 6월 4일자 신문에 실음으로써 비밀 연설의 전문이 전 세계에 공개되었다.

(3) 비밀 연설의 한계와 파장

한편 흐루시초프의 비밀 연설에는 스탈린 비판이 소련 체제 비판으로 확산되는 것을 막기 위한 여러 논리가 존재했다. 우선 흐루시초프는 스탈린 시대를 크게 두 시기, 다시 말하자면 스탈린이 레닌주의를 옹호하면서 소련에 사회주의 체제를 건설하는 데 주도적인 역할을 수행했던 1934년 이전의 시기와, 스탈린이 자신의 개인숭배를 위해 권력을 남용하여 무고한 공산당원과 소련 국민을 탄압했던 1934년 이후의 시기로 구분했다. 이런 시기 구분을 통해 그는 스탈린이 주도한 1930년대 후반의 정치적 탄압 행위를 비판하면서도 스탈린이 추진한 급속한 공업화, 농업 집단화, 문화혁명 등의 정책과 그것을 통해 확립된 소련 사회주의 체제를 정당화했다. 또한 스탈린 체제 아래 희생된 수백만의 소련 국민에 대해서는 지나가듯 언급하거나 침묵했던 반면, 결백한 공산주의자들의 피해는 구체적인 사례를 들어 길게 설명함으로써 소련 공산당이 스탈린 범죄의 공범자 또는 방조자가 아니라 스탈린 개인숭배의 주된 피해자인 것처럼 묘사했다. 그리고 스탈린 개인숭배의 원인을 마르크스 - 레닌주의 이론 체제 또는 소련 사회주의 체제에 내재하는 구조적인 문제가 아니라 스탈린 개인의 성격적 결함과 소수 측근, 예컨대 베리야 패거리의 출세욕에서 찾았다. 이런 논리를 통해 흐루시초프는 스탈린의 범죄 행위에 대한 책임을 이미 처벌되었거나 죽어버린 사람들에게 돌림으로써 생존해 있던 소련 지도자들의 책임을 덜어주었고, 동시에 자신의 반대자들을 출세주의자로 몰아 제거할 수 있는 근거를 마련했다. 마지막으로 흐루시초프는 스탈린의 개인숭배를 비판하면서 집단 지도를 강조하는 동시에, 국가 및 사회에 대한 공산당의 지도적 역할을 강조했던 레닌에게 돌아가자고 주장함으로써 자신의 권력 기반인 공산당의 정치적·이데올로기적 권위를 강화했다.

이런 논리를 통해 흐루시초프는 스탈린의 범죄 행위를 비판하면서도 스탈린의 주도 아래 건설된 당시 소련 사회주의 체제를 정당화했고, 그와 동시에 스탈린 시대에 출세한 당시 소련 지도부의 명예와 권위를 지키려고 노력했다. 또한 스탈린 문제에 대한 논의를 정부가 통제하면서 상황에 따라 스탈린 비판의 강도와 범위를 조절하려고 생각했다. 사실 비밀 연설 직후에 흐루시초프는 스탈린을 너무 강하게 비판했다고 느꼈으며 스탈린 문제를 둘러싼 사회 여론의 양극화를 우려하면서 한동안 비판 수위를 낮추려 하기도 했다. 어쨌든 모든 국민이 스탈린의 범죄에 대한 그의 설명에 만족한 것은 아니었으며, 그의 비밀 연설에 대해서도 단일한 태도를 보인 것도 아니었다.

사실 소련 국민들은 오랫동안 위대한 영도자로 숭배해온 스탈린을 비판하는 흐루시초프의 비밀 연설을 쉽게 받아들일 수 없었다. 많은 사람들이 스탈린에 대한 비판을 자신들의 오랜 신념에 대한 비판으로, 나아가 자신들의 과거, 즉 사회주의 건설과 대조국전쟁에서 자신들이 감수했던 희생과 인내, 영웅적인 투쟁에 대한 부정으로 받아들이는 경향이 있었다. 물론 "나는 내가 사원(寺院)을 지키고 있는 것으로만 생각했는데 알고 보니 그것은 변소"였다고 말하고 며칠 후에 자살한 소련작가동맹 지도자 파데예프A. A. Fadeev의 경우[103]는 극히 예외적인 사례였다. 오히려 많은 사람은 연설 내용을 부정하면서 흐루시초프를 비난하거나 스탈린의 범죄 사실을 마지못해 인정하곤 했다. 예컨대 스탈린의 고향인 그루지야 공화국의 수도 트빌리시에서는 1956년의 스탈린 사망 3주기 추모 행사가 흐루시초프 비밀 연설을 규탄하는 4일간의 항의 시위로 발전했는데, 그 시위에는 "위대한 스탈린에게 영광을!", "흐루시초프를 타도하라!", "몰로토프를 수상으로!" 등의 구호가 등장했다.[104] 그리고 어떤 시민은 스탈린 비판과 관련된 이 시기의 사건들이 자기 인생에서 가장 힘들었다고, 심지어 2차 대전 초기의 군사적 패배보다도 힘들었다고 회고했으며, 다른 시민은 스탈린의 범죄 행위를 알고

난 후에도 스탈린에 대한 "온몸에 그렇게 강하게 뿌리내려 있던 거대한 사랑을 가슴에서 지우는 것이 너무 힘들다"고 말했다.[105] 이런 점은 결국 스탈린 격하 연설을 했던 흐루시초프의 개인적 운명에 적지 않은 영향을 미쳤을 뿐 아니라, 1960년대 말에는 스탈린을 다시 복권시키려는 움직임을 낳는 배경이 되었다.

반면에 더 젊거나 더 많은 교육을 받은 사람들, 그 중에서도 특히 스탈린의 희생자였거나 그들을 알고 있던 사람들은 흐루시초프의 연설을 환영했다. 이들은 흐루시초프의 스탈린 격하 연설을 악몽 같던 스탈린 시대가 끝났다는 안도감과 함께, 이제는 모든 상황이 더 좋아질 것이라는 희망으로 받아들였다. 하지만 일부 지식인들은 흐루시초프가 회피하고자 했던 문제를 제기했으며, 때로는 당이 설정한 비판의 범위를 넘어섰다. 예컨대 3월 23일과 26일에 열린 소련학술원 산하 열기술연구소의 공산당원 모임에서 어떤 젊은 연구원은 개인숭배가 독재를 낳았던 것이 아니라, 국민에게 힘이 없기 때문에 권력 집중과 개인숭배가 일어났다고 주장했다. 다른 연구원은 소련은 사회주의 국가로 민주주의 국가는 아니지만, 몇몇 불한당이 권력을 쥐고 있고 공산당은 노예 정신에 물들어 있다고 비판하면서 완전한 민주화를 촉구했다. 또 다른 사람은 스탈린 시대에 침묵했던 흐루시초프를 비꼬면서 여전히 자유롭게 의견을 말하지 못하는 소련 현실을 풍

자한 다음과 같은 농담을 언급했다. 흐루시초프가 전당대회에서 스탈린의 개인숭배를 비판하는 도중에 "그런데 당신은 [그때] 어디에 있었느냐?"는 메모가 도착했다. 이에 흐루시초프는 "누가 쓴 것입니까?"라고 청중에게 물었고 한동안 그 누구도 대답하지 않자, "두렵지요. 우리도 그렇게 두려웠습니다"라고 말했다. 이렇게 당시 유행하던 농담을 말한 그는 전당대회가 토론도 없이 흐루시초프의 연설을 지지했음을 지적한 후 지금 "흐루시초프를 찬양하면서 또다시 개인숭배를 되풀이하고 있다"고 비판했다.[106] 이렇듯 일부 지식인들은 스탈린 비판을 소련 사회주의 체제 자체에 대한 비판으로 발전시키기 시작했고, 이런 경향은 정부 주도의 스탈린주의 청산 작업이 지체에 따라 더욱 강화되었다. 특히 흐루시초프 실각 후 소련 정부가 점차 스탈린 비판을 중단하고 오히려 스탈린의 업적을 강조하기 시작하면서 스탈린 문제는 비록 공개적인 논의의 장에서 점차 사라졌지만, 소련 정부와 비판적 지식인 집단, 즉 반체제 운동 사이의 입장 차이를 명확히 보여주는 주요 쟁점이 되었다.

하지만 1980년대 중엽에 고르바프 M. S. Gorbachev를 비롯한 개혁 세력이 더욱 근본적인 입장에서 스탈린 체제를 비판하면서 페레스트로이카를 시작함에 따라 스탈린 문제는 다시 대중적인 논의의 중요 쟁점으로 부각되었다. 이들 개혁 세력은 흐루시초프와 마찬가지로, 자신들의 출세 기반이었던 소련 사회주의 체제를 집권 세력인 자신들이 주도적으로 청산하려는 '위로부터의 청산'이자 부분적인 개혁을 통해 소련 사회주의 체제를 유지하고 강화하려는 '체제 내의 청산'을 추구했다. 흐루시초프 시대와는 달라진 상황 속에서 스탈린의 범죄 행위에 대한 폭로와 비판은 손쉽게 소련 체제에 대한 비판으로 발전했고, 그에 따라 페레스트로이카 시대의 개혁 시도는 소련 사회주의 체제의 붕괴로 귀결되었다.

소련 체제가 무너진 오늘날, 비밀 연설의 현재적 의미는 사회주의 건설을 목표로 내걸고 수백만의 인명을 빼앗아간 스탈린의 야만적인 범죄를 폭로하고 비판하는 데에만 그치는 것은 아닐 것이다. 이것은 20세기 이후 전 세계에서 국가폭력이 정치적·경제적·사회적 목적을 달성하기 위한 수단으로 널리 사용되어온 현상, 특히 국가 이데올로기와 총화단결을 명분으로 내세우면서 자행된 조직적인 대규모 폭력을 폭로하고 비판하는 데까지 확대될 수 있을 것이다. 또한 흐루시초프의 비밀 연설은 잘못된 과거의 청산을 기존 체제의 유지·강화와 함께 추구했던 그의 이상주의적 신념과 정치적 결단, 그리고 그의 인식론적 한계와 기존 체제의 경직성을 동시에 보여줌으로써 국가폭력 문제의 올바른 해결 방법에 대해 많은 것을 생각하게 해줄 것이다.

주

1 A. Antonov-Ovseyenko, *The Time of Stalin: Portrait of a Tyranny*(New York: Harper & Row Publishers, 1980), 319쪽.
2 소련 공산당 제20차 전당대회는 1956년 2월 14~25일에 모스크바의 크렘린 대궁전에서 열렸다. 소련 공산당 중앙위원회 제1서기 흐루시초프의 보고인 〈개인숭배와 그 결과들에 대하여O культе личности и его последствиях(O kul'te lichnosti i ego posledstviiakh)〉는 1956년 2월 25일 오전, 비공개 회의에서 낭독되었다.

전당대회 비공개 회의를 열고 거기에서 흐루시초프가 '개인숭배와 그 결과들에 대한' 보고 연설을 하도록 하자는 제안은 1956년 2월 13일에 소련 공산당 중앙위원회 간부회가 제기했고, 같은 날에 열린 소련 공산당 중앙위원회 전체회의가 승인했다.

전당대회 비공개 회의의 진행 과정은 기록되지 않았고 보고 연설 후에 그에 대한 논쟁은 하지 않기로 결정되었다. 그 회의에서 의장직을 맡은 불가닌의 제안에 따라, 전당대회는 만장일치로 '개인숭배와 그 결과들에 대한' 결의문을 채택하여 그것을 언론에 발표했다. 하지만 보고 연설문의 전문은 언론에 공개하지 않고 당 조직들에만 배포하기로 결의했다.

같은 해 3월 1일 당 조직들에 보내기 위한 보고 연설문 전문이 흐루시초프의 메모와 함께 소련 공산당 중앙위원회 간부회 위원들과 후보위원들, 그리고 서기들에게 배포되었다. 그 보고 연설문의 본문에는 문체, 편집상의 사소한 수정이 가해졌다. 마르크스, 엥겔스, 레닌 등의 저술과 다른 인용된 사료 등의 출처가 제시되었고, 개별 문서들이 채택된 날짜를 더욱 정확히 기재했다. 더불어 사전에 준비된 보고 연설문에서 보고자가 빠뜨린 부분이 포함되었고, 보고 연설문의 이러저러한 문장에 대한 대의원들의 반응이 언급되었다.

3월 5일 소련 공산당 중앙위원회 간부회는 '소련 공산당 제20차 전당대회에서 발표한 흐루시초프 동지의 보고문 〈개인숭배와 그 결과들에 대하여〉를 알리는 것에 관한' 결의문을 채택했다. 그 결의문에는 두 가지 지시가 있었다. 1. 소련 공산당 제20차 전당대회에서 발표된 흐루시초프 동지의 보고 연설문 〈개인숭배와 그 결과들에 대하여〉를 모든 공산당원와 공산청년동맹원, 그리고 당원은 아니지만 열성적인 노동자, 사무원, 집단농장 농민들에게 알릴 것을 주위원회, 지역위원회, 그리고 연방공화국 공산당 중앙위원회에 제안한다. 2. 흐루시초프 동지의 보고 연설문은 '극비'이라는 인장을 떼어내고 '출판용이 아님'이라는 인장을 붙여 당 조직들에 배포한다. 이러한 결정에 따라 보고 연설문은 모든 당 조직과 청년동맹 조직의 집회에서 낭독되었다.

하지만 이 보고 연설문은 페레스트로이카 시대인 1989년 〈소련 공산당 중앙위원회 소식지〉에 게재됨으로써 처음으로 공개되었다.

3   1903년에 조직된 러시아 사회민주노동자당РСДРП(RSDRP)의 볼셰비키 분파에서 유래한 소련 공산당의 이름은 몇 차례 변화를 겪었다. 1917년부터 러시아 사회민주노동자당(볼셰비키)РСДРП(б)[RSDRP(b)]이라는 이름을 사용하다가, 1918년의 제7차 전당대

회에서 러시아 공산당(볼셰비키)РКП(б)[RKP(b)]으로, 소비에트 연방(소련)이 조직된 것을 반영하여 1925년의 제14차 전당대회에서 전연방 공산당(볼셰비키)ВКП(б)[VKP(b)]으로, 그리고 1952년의 제19차 전당대회에서는 소비에트 연방 공산당, 즉 소련 공산당 КПСС(KPSS)으로 이름을 바꾸었다.

4   흐루시초프Н. С. Хрущёв(N. S. Khrushchev, 1894~1971): 1918년에 당원이 되었으며 내전에 참가했다. 1920년부터 당과 경제 분야에서 활동했다. 1935~1938년에 모스크바 시와 모스크바 주 당위원회 서기장, 1938~1949년에 우크라이나 공산당 중앙위원회 서기장, 동시에 1944~1947년에 우크라이나 인민위원회의(국무회의) 의장을 지냈다. 2차대전 때는 몇몇 전선의 군사협의회 위원, 1949~1953년에 중앙위원회 서기이자 모스크바 당위원회 서기장, 1934년부터 중앙위원회 위원, 1938년부터 중앙위원회 정치국(간부회) 후보위원, 1939~1964년까지 정치국(간부회) 위원, 1953~1964년에 소련 공산당 중앙위원회 서기장, 동시에 1958~1964년에 소련 국무회의 의장을 지냈다. 1964년 10월에 모든 공직에서 강제 퇴직 당한 후에 실질적인 가택 연금 생활을 했다. 좀 더 자세한 내용은 해제를 참조하라.

5   빌헬름 블로스Wilhelm Bloss(1849~1927): 독일의 정치평론가이자 역사학자이다.

6   페르디난트 라살Ferdinand Lassalle(1825~1864): 독일의 노동 운동가이다.

7   이 연설문에서는 소련 마르크스-엥겔스 연구소가 1928~1947년에 총 29권으로 발간한 러시아어판 마르크스-엥겔스 전집 초판을 인용하고 있다.

8   이 연설문에서는 레닌 전집 4판을 인용하고 있다.

9   이는 레닌이 1922년 12월 23일, 24일, 25일, 26일, 29일, 그리고 1923년 1월 4일에 구술한 〈전당대회에 보내는 편지〉를 말한다(레닌 전집, 45권, 343~348쪽을 참조하라). 우리나라 말로 번역된 레닌의 이 편지는 레닌 외 지음, 《레닌의 반스딸린 투쟁》, 김진태 옮김(신평론, 1989), 41~49쪽에 실려 있다.

10 카메네프Л. Б. Каменев(L. B. Kamenev, 1883~1936): 유대인 출신의 공산주의자로 1901년에 당원이 되었다. 1909~1914년에는 레닌, 지노비예프 등과 함께 해외에서 볼셰비키 조직을 지도했다. 그 후 귀국하여 《프라브다Правда(Pravda)》지와 국가두마(제정 러시아 말기의 국민대의기구)의 볼셰비키 의원들을 이끌었다. 전쟁 발발 직후 시베리아 유형을 당했고 1917년 2월 혁명 이후에 러시아 수도로 돌아와 당을 이끌었다. 1917년 내내 레닌의 권력 장악 전술에 반대하고 모든 사회주의 정당의 연합 정부 설립을 지지했다. 10월 혁명 이후에는 소비에트 중앙집행위원회 의장 및 모스크바 소비에트 의장, 인민위원회의 부의장 등을 역임하고 1919~1925년에 정치국 위원, 1926~1927년에 이탈리아 대사를 지냈다. 레닌 사후에 지노비예프, 스탈린과 함께 트로츠키에게 반대했다가 나중에는 지노비예프, 트로츠키와 함께 스탈린에게 반대했다. 두 차례 당에서 축출되었다가 재입당한 후 1935년에는 출당과 함께 5년형을 선고받았다. 다음해에 다시 재판을 받고 사형당했다.

11 크루프스카야Н. К. Крупская(N. K. Krupskaya, 1869~1939): 레닌의 부인으로 1894년에 사회민주주의 서클에서 레닌을 처음 만나 1895~1996년에 레닌과 함께 체포되었다. 시베리아 유형 중 함께 살자는 레닌의 제안에 따라 1898년에 그와 결혼했고 그 후 레닌의 동료이자 비서로서 여러 활동에 참여했다. 1917년 4월에 레닌과 함께 귀국했고, 10월 혁명 이후에는 교육, 여성 등의 문제에 관심을

기울였으며, 문교 인민위원부 차관을 지내기도 했다. 레닌의 와병 중에 스탈린에게 박대를 받았고 레닌 사후에는 레닌의 부인으로서 인정하지 않겠다는 스탈린의 위협을 받기도 했다.

12 레프 보리싀치는 레프 보리소비치 카메네프의 애칭이다.

13 지노비예프Г. Е. Зиновьев(G. E. Zinov'ev, 1883~1936): 그리고리는 지노비예프의 이름이다. 유대계 출신의 공산주의자로 1901년 러시아 사회민주노동자당에 입당, 1903년에 볼셰비키 분파에 가담했다. 1905년 혁명 이후 해외로 망명, 1909~1917년에 레닌의 측근에 있었다. 1917년 레닌과 함께 귀국하지만 카메네프와 함께 레닌의 권력 장악 노선에 반대했다. 10월 혁명 이후 페트로그라드 소비에트 의장을 거쳐 1919년에 정치국 후보위원이 되었고, 1921~1926년에는 정식위원, 1919~1926년에는 공산주의자 인터내셔널 중앙집행위원회 의장을 지냈다. 1920년대의 권력 투쟁기에는 처음에 카메네프, 스탈린과 함께 트로츠키에 반대했다가 나중에는 트로츠키, 카메네프와 함께 스탈린에 반대했다. 1935년에 10년형을 선고받았다가 1936년에 전시재판(展示裁判)을 받은 후 숙청당했다.

14 통제위원회Контрольная комиссия(Kontrol'naia komis-siia)란 1920년, 레닌의 구상에 따라 당의 단합을 유지하고 당원들의 청렴성을 지키며 국가 기관들에 당 노선을 관철시키기 위해 만든 전연방 공산당(볼셰비키)의 산하 기관이다. 이 기관은 1921년 제10차 전당대회에서 전연방 공산당(볼셰비키) 중앙 통제위원회ЦКК ВКП(б) [TsKK VKP(b)]로, 1934년 제17차 전당대회에서는 전연방 공산당(볼셰비키) 중앙위원회 산하 당 통제위원회ЦКК при ЦК ВКП(б) [KPK pri Tsk VKP(b)]로, 1952년 제19차 전당대회에서 소련 공산당 중앙위원회 산하 당 통제위원회ЦКК при ЦК КПСС(KPK pri Tsk KPSS)로, 1962년에는 소련 공산당 중앙위원회 산하 당위원회

Партийная комиссия при ЦК КПСС(Partiinaia komissia pri Tsk KPSS)로, 1965년에는 다시 소련 공산당 중앙위원회 산하 당 통제위원회 КПК при ЦК КПСС(KPK pri Tsk KPSS)로 재조직되었다.

15 부하린Н. И. Бухарин(N. I. Bukharin, 1888~1938): 소련 정치가이자 마르크스주의 이론가로 1906년에 당원이 되었고 1917~1918년에 '좌익 공산주의자들'의 지도자였다. 1918~1929년에 《프라브다》지 편집장, 1919~1929년에 코민테른 집행위원회 위원, 1924~1929년에 중앙위원회 정치국 위원, 1929~1932년에 소련 최고국민경제회의 간부회 위원, 1934~1937년에 《이즈베스티야 Известия(Izvestiia)》지 편집장을 지냈다. 1920년대에 신경제 정책을 옹호했고 1920년대 말에는 스탈린의 농업 집단화 정책에 반대했다. 1937년 2월에 체포되어 1938년 3월의 마지막 전시재판에서 사형을 선고받고 처형되었다.

16 1920년 10월 26일에 레닌이 작성한 〈러시아 공산당(볼셰비키) 중앙위원회 정치국 설치안〉을 말한다(레닌 전집 41권, 394, 541쪽을 참조하라).

17 로쟌코М. В. Родзянко(M. V. Rodzianko, 1859~1924): 러시아의 지주귀족 출신으로 황제의 자발적 의지에 의한 점진적인 개혁을 지지하던 10월당의 지도자이다. 3차 및 4차 국가두마 의원, 1911~1917년에는 국가두마 의장을 지냈다. 1차대전 때는 입헌민주당과 함께 두마 내각의 구성을 주장하고 1917년 2월 혁명 때는 황제 니콜라이 2세 및 군사령관들과의 전보 통신을 통해 두마 내각의 수용을 촉구했다. 1917년 혁명 기간에 국가두마 임시위원회를 이끌었으며 케렌스키에 반대하면서 코르닐로프를 지지하기도 했다. 10월 혁명 이후 내전기인 1918~1920년에는 반혁명 세력인 데니킨 군대와 함께 있었으며 1920년에 유고슬라비아로 망명하여 그곳에서

죽었다.

18 케렌스키А. Ф. Кéренский(A. F. Kerensky, 1881~1970): 1905년 혁명 때 사회혁명당에 가담, 정치범 변호사로 활동했다. 1912년에 국가두마 의원으로 선출되었다. 1917년 러시아 혁명 때 임시 정부에서 법무장관, 육군 및 해군 장관, 총사령관, 수상 등 주요 직책을 맡음으로써 임시 정부의 실질적인 지도자 역할을 수행했다. 총사령관 코르닐로프의 쿠데타 이후 그의 권위는 급격히 떨어졌고 결국 10월 혁명에 의해 권력을 상실했다.

19 베리야Л. П. Берия(L. P. Beriia, 1899~1953): 1917년에 입당하여 1938~1945년에 소련 내무인민위원, 1941~1953년에 소련 인민위원회의(1946년부터는 국무회의)의 제1부의장, 1934~1953년에 당 중앙위원회 위원, 1939년부터 당 중앙위원회 정치국 후보위원, 1946~1953년에 당 중앙위원회 정치국(간부회) 위원을 지냈고 1953년 6월 26일 인민의 적으로 체포되어 모든 직위에서 해임되었다. 1953년 12월 23일에 총살형을 선고받아 처형당했다.

20 소련에서는 2차대전을 조국전쟁 또는 대조국전쟁이라 불렀다.

21 전연방 공산당(볼셰비키) 중앙위원회 정치국의 1941년 10월 2일자 결의문에 따라 중앙위원회 전체회의가 1941년 10월 10일에 아래의 의사일정으로 소집될 예정이었다. 1. 우리나라의 전쟁 상황, 2. 국가 방위를 위한 당과 국가의 작업. 하지만 소집 전날인 1941년 10월 9일에 중앙위원회 정치국이 내린 결정에 따라 전체회의의 소집은 "최근 전선에서 불안한 상황이 발생했다는 점과, 지도자 동지들을 전선에서 벗어나게 하는 것이 부적절하다는 점을 고려하여" 연기되었다. 전쟁 기간에는 1944년 1월 27일에 열린 중앙위원회 전체회의가 유일하다.

22 이는 제17차 전당대회에서 선출된 전연방 공산당(볼셰비키) 중앙

위원회 위원 및 후보위원들, 그리고 다른 소련 시민들에게 가해진 1935~1940년 시기의 대규모 탄압에 관한 자료들을 검토하기 위해 소련 공산당 중앙위원회 간부회가 1955년 12월 31일에 조직한 위원회를 말한다. 이 위원회에는 소련 공산당 중앙위원회 서기인 포스펠로프П. Н. Поспелов(P. N. Pospelov)와 아리스토프А. Б. Аристов(A. B. Aristov), 소련 노동조합 중앙회 의장인 시베르니크Н. М. Шверник(N. M. Shvernik), 소련 공산당 중앙위원회 산하 당 통제위원회 부위원장인 코마로프П. Т. Комаров(P. T. Komarov) 등이 참여했다.

23 키로프С. М. Киров(S. M. Kirov, 1886~1934): 1904년에 당원이 되었으며 북 카프카스 지역의 당 조직가로 활동했다. 1921년부터 아제르바이잔 공산당 중앙위원회 서기, 1926년부터는 레닌그라드 당 조직 책임자, 1921년부터 러시아 공산당(볼셰비키) 중앙위원회 위원, 1926년부터 당 중앙위원회 정치국 후보위원, 1930년부터 정치국 위원, 1934년부터 중앙위원회 서기 및 조직국 위원을 지내다가 1934년 12월 1일 레닌그라드에서 암살당했다.

24 예누키제А. Е. Енукидзе(A. E. Enukidze, 1877~1937): 1898년에 당원이 되었으며 1918년 7월부터 러시아 중앙집행위원회 및 소련 중앙집행위원회 간부회 위원 및 서기를 지냈다.

25 이는 '테러 행위의 준비 또는 실행과 관련된 사건의 처리 절차에 대한' 소련 중앙집행위원회의 1934년 12월 1일자 결의문을 말한다. 이 결의문은 나중에 '1934년 12월 1일자 법령'이라는 명칭을 얻었고 1956년까지 효력을 지녔다. 이 결의문은 소련 헌법의 규정에 따라 소련 중앙집행위원회 회의에 제출되어 정식으로 승인받은 것이 아니었다.

26 니콜라예프Л. В. Николаев(L. V. Nikolaev, 1904~1934): 1924년부터

당에 참여하여 얼마 동안은 당의 레닌그라드 주위원회 및 레닌그라드 소련 공산당사 연구소 교사로 있었다. 1934년 4월 연구소에서 해고당한 후 어디에도 취직하지 않았다. 1934년 12월 1일 키로프 암살에 성공했고, 유죄 판결을 받은 후 총살당했다.

27 체카ЧК[чека(Cheka)]란 1917년에서 1922년까지 활동했던 소련의 첫 비밀정치경찰 조직인 "반혁명, 사보타지 및 투기와 싸우기 위한 특별 위원회"를 가리키는 용어('특별위원회'의 머리글자로 만든 준말)이다. 전(全) 러시아 체카ВЧК(VChK)는 1922년에 국가보안부ГПУ(GPU)로 바뀌었다가 1923년 9월에 합동국가보안부ОГПУ(OGPU)로 개편되었다.

28 즈다노프А. А. Жданов(A. A. Zhdanov, 1896~1948): 1915년부터 당원. 1934~1948년에는 전연방 공산당(볼셰비키) 중앙위원회 서기, 동시에 1934~1944년에는 당의 레닌그라드 주위원회 및 시위원회의 제1서기, 1935년부터 당 중앙위원회 정치국 후보위원, 1939년부터는 정치국 위원을 지냈다.

29 카가노비치Л. М. аганóвич(L. M. Kaganovich, 1893~1991): 1911년에 당원이 되었고 1924~1957년에 중앙위원회 위원, 1926년부터 당 중앙위원회 정치국 후보위원, 1930~1957년에는 정치국(간부회) 위원, 1924~1925년과 1928~1946년에 당 중앙위원회 조직국 위원을 지냈다. 1957년에 반(反)당 활동으로 소련 공산당 중앙위원회에서 쫓겨났고 1962년에는 당에서 제명당했다.

30 몰로토프В. М. Мóлотов(Скрябин)[V. M. Molotov (Skriabin), 1890~1986]: 1906년에 당원이 되었고 1920년에는 우크라이나 공산당 중앙위원회 서기, 1921~1930년에는 당 중앙위원회 서기, 1930~1941년에는 소련 인민위원회의 의장, 1941~1957년에는 소련 인민위원회의(국무회의) 제1부의장, 1939~1949년과 1953~

1956년에는 소련 외무 인민위원(외무장관), 국가 회계감사부 장관, 1957년부터는 몽고인민공화국 주재 소련 대사, 1960년부터 국제 핵에 지기구(오스트리아)의 소련 대표, 1921~1957에 당 중앙위원회 위원, 1921~1926년에는 당 중앙위원회 정치국 후보위원, 1926~1957년에는 정치국(간부회) 위원을 지냈다. 1957년 반당 활동으로 소련 공산당 중앙위원회에서 쫓겨났고 1962년에는 소련 공산당에서 제명당했다. 1984년에는 1906년부터의 당원으로 복권되었다.

31 예조프 Н. И. Ежов(N. I. Ezhov, 1895~1940): 1917년에 당원이 되었다. 1934~1939년에 당 중앙위원회 위원, 1935~1939년에는 당 통제위원회 위원장, 1935~1939년에 당 중앙위원회 서기, 1936~1938년 소련 내무 인민위원, 1938~1939년에 수상운송 인민위원, 1938년부터 당 중앙위원회 정치국 후보위원을 지냈다. 1939년 6월 체포되었고 1940년 1월에 소련 최고재판소 군사위원회의 판결에 따라 총살당했다.

32 야고다 Г. Г. Ягóда(G. G. Iagoda, 1891~1938): 1907년에 당원이 되었다. 1934~1936년 합동국가보안부 의장, 소련 내무 인민위원, 1936년부터 소련 통신 인민위원을 지냈다. 1938년에 소위 '반(反)소비에트 우익 트로츠키주의자 블록' 사건으로 법정에 넘겨져 총살당했다.

33 합동국가보안부란 1923년 9월에서 1934년 7월까지 존재했던 소련의 정치경찰 조직으로서 1934년 7월에 내무 인민위원부 НКВД (NKVD)로 통합되었는데, 여기에서 1941년 2~7월에 국가보안 인민위원부 НКГБ(NKGB)가 일시적으로 분리되었다가 1943년 4월에 완전히 분리되었다. 국가보안 인민위원부는 1946년 3월에 국가보안부 МГБ(MGB)로 이름을 바꾸었다가 1953년 3월에 내무부 МВД

(MVD)에 통합되었다. 1954년 3월에 소련 국무회의 산하 국가보안위원회КГБ(KGB)가 다시 내무부에서 분리되었고 1978년 7월에는 소련 국가보안위원회로 이름을 바꾼 후 1991년까지 존속했다.

34 데니킨А. И. Деникин(A. I. Denikin, 1872~1947): 러시아 반혁명군의 주요 지휘관이자 육군 중장이다. 1917년 6월에 남서전선 사령관이 되었다. 그해 8월 말 코르닐로프 쿠데타를 지지한 것과 관련하여 체포되었다. 10월 혁명 직후 탈출하여 코르닐로프 휘하의 반혁명군에 가담, 코르닐로프 사망(1918년 4월) 후 가장 강력한 반혁명군의 지휘관이 되었다. 1919년에는 모스크바 원정에 나서기도 했다. 1920년에 붉은 군대에 패하여 크림 반도로 퇴각한 후 망명했다.

35 제르진스키Ф. Э. Дзержи́нский(F. E. Dzerzhinsky, 1877~1926): 폴란드 및 러시아 혁명가로 1895년 리투아니아 사회민주주의 조직에 가담한 후 리투아니아 및 폴란드의 사회민주주의 운동에서 주도적으로 활동했다. 1906년 레닌을 처음 만났고 1907년에 당 중앙위원회 위원으로 선출되었다. 여러 차례 체포되어 총 11년의 감옥 생활을 했다. 1917년 2월 혁명으로 모스크바의 감옥에서 석방된 후 혁명운동에 적극 가담, 1917년 12월에 전 러시아 체카의 초대 책임자로 임명된 후 사망한 1926년 7월까지 비밀 정치경찰조직ВЧК-ГПУ-ОГПУ(VChK-GPU-OGPU)을 이끌었다(주 27과 33을 참조하라). 1919년 3월~1923년 7월에 내무 인민위원직을 겸임, 1921년 4월~1923년 7월에 교통 인민위원도 겸임하고, 1924년 2월부터 최고국민경제회의ВСНХ(VSNKh) 의장직을 지냈다. 1907~1912년과 1917년부터 당 중앙위원회 위원, 1924년부터 정치국 후보위원을 지냈다.

36 포스티셰프П. П. Постышев(P. P. Postyshev, 1887~1939): 1904년에 당원이 되었다. 1926년부터 우크라이나 공산당(볼셰비키) 중앙위

원회 서기, 1930년부터는 전연방 공산당(볼셰비키) 중앙위원회 서기이자 조직국 위원, 1933~1937년에는 우크라이나 공산당(볼셰비키) 중앙위원회 부서기장, 그 직후에는 쿠이브이셰프 주 당위원회 서기장, 1927년부터 전연방 공산당(볼셰비키) 중앙위원회 위원, 1934년부터는 당 중앙위원회 정치국 후보위원을 지냈다.

37 카르포프M. M. Ка́рпов(M. M. Karpov, 1901~1939): 1920년에 당원이 되었으며, 체포 직전까지 우크라이나 공산당(볼셰비키) 키예프 주 위원회의 선전 및 선동 부서의 책임자로 일했다.

38 에이헤Р. И. Эйхе(R. I. Eikhe, 1890~1940): 1905년에 당원이 되었으며 라트비아에서 혁명 및 소비에트 권력을 위한 투쟁에 참여했다. 1925년부터 시베리아 지역 집행위원회 의장이자 전연방 공산당(볼셰비키)의 서부 시베리아 지역위원회의 서기장, 1937~1938년에는 소련 농업 담당 인민위원, 1930년부터는 소련 공산당 중앙위원회 위원, 1935년부터는 중앙위원회 정치국 후보위원이자 소련 중앙집행위원회 위원을 지냈다.

39 우샤코프З. М. Ушаков(Z. M. Ushakov)·니콜라예프Н. Г. Николаев-Журид(N. G. Nikolaev-Zhurid): 내무 인민위원부 요원들로 1939년에 체포되었고, 1940년 1월에 소련 최고재판소 군사협의회의 판결에 따라 총살당했다.

40 루히모비М. Л. Рухимович(M. L. Rukhimovich, 1889~1938): 1913년에 당원이 되었으며 우크라이나에서 10월 혁명과 내전에 적극 참여했다. 1920년부터 도네츠크 주의 집행위원회 의장, 1925년부터 우크라이나 최고 국민경제회의 의장, 1926~1930년에 소련 최고 국민경제회의 부의장, 1930~1931년에 소련 교통 인민위원, 1934년부터 소련 중공업 인민위원부 차관, 1936년부터 소련 방위산업 인민위원, 1924~1938년에 당 중앙위원회 위원을 지냈다.

1937년 10월에 체포되어 1938년 7월에 사형선고를 받았다.

41 메즐라우크B. И. Межлаук(V. I. Mezhlauk, 1893~1938): 1917년에 당원이 되었다. 1920년부터 몇몇 철도 노선의 인민위원, 1937년 10월부터 소련 인민위원회의의 부의장이자 국가계획위원회 Госплан(Gosplan) 의장, 1927~1934년에 전연방 공산당(볼셰비키) 중앙위원회 후보위원, 1934년부터는 중앙위원회 위원을 지냈다. 1937년 12월에 체포되어 1938년 7월에 사형선고를 받았다.

42 루주타크Я. Э. Рудзутак(Ia. E. Rudzutak, 1887~1938): 1905년에 당원이 되었다. 1923년부터 러시아 공산당(볼셰비키) 중앙위원회 서기, 1924~1930년에 소련 교통 인민위원, 1926년부터 소련 인민위원회의 부의장이자 소련 노동-국방 협의회 부의장, 동시에 1931년부터 전연방 공산당(볼셰비키) 중앙 통제위원회 의장이자 노동자-농민 감찰 인민위원, 1923~1926년에 그리고 1934년부터 중앙위원회 정치국 후보위원, 1926~1932년 중앙위원회 정치국 위원을 지냈다. 1937년 5월에 체포되어 1938년 7월에 사형선고를 받았다.

43 코마로프Н. П. Комаров, Ф. Е. Собииов(N. P. Komarov: F. E. Sobinov, 1886~1937): 1909년에 당원이 되었다. 1917년에 러시아 사회민주노동당(볼셰비키) 페트로그라드 위원회 위원, 1925년에 러시아 공산당(볼셰비키) 중앙위원회 북서 지역 사무국 서기, 1926~1929년 레닌그라드 시 집행위원회와 주 집행위원회의 의장, 1931년부터 러시아 공화국 공영사업 인민위원, 1921년과 1923~1930년에는 당 중앙위원회 위원, 1922~1923년에는 중앙위원회 후보위원을 지냈다.

44 자코프스키Л. М. Заковский(L. M. Zakovsky): 1937년에 내무 인민위원부의 레닌그라드 지역 책임자였다.

45 추도르M. С. Чудор(M. S. Chudor, 1893~1937): 1913년에 당원이 되

었으며 1928~1936년에는 레닌그라드 지역 당위원회 제2서기, 1925년부터 당 중앙위원회 위원을 지냈다.

46 우가로프А. И. Угаров(A. I. Ugarov, 1900~1939): 1918년에 당원이 되었다. 1934~1938년 전연방 공산당(볼셰비키) 레닌그라드 시위원회 서기, 1938년부터 모스크바 시 당위원회와 모스크바 주 당위원회의 제1서기, 당 중앙위원회 후보위원을 지냈다.

47 스모로딘П. И. Смородин(P. I. Smorodin, 1897~1939): 1917년에 당원이 되었다. 1921~1924년에는 러시아 공산청년동맹 중앙위원회 제1서기, 1928~1936년에는 레닌그라드에서 당 사업에 참여했다. 1937년부터 스탈린그라드 지역 당위원회 서기, 1930년부터 중앙위원회 후보위원을 지냈다.

48 포제른Б. П. Позерн(B. P. Pozern, 1882~1939): 1902년에 당원이 되었고 1917~1918년에는 북부 전선 정치위원, 이후에는 군 관련 보직들에서 근무했다. 1921년부터 경제 및 당 사업에 참여하고, 1937~1938년에는 레닌그라드 지역 검사, 1930년부터 당 중앙위원회 후보위원을 지냈다.

49 샤포시니코바Л. К. Шапошникова(L. K. Shaposhnikova, 1895~1942): 1917년에 당원이 되었고, 1934년부터 레닌그라드 시 당위원회 사무국 위원을 지냈다.

50 카바코프И. Д. Кабаков(I. D. Kabakov, 1891~1937): 1914년에 당원이 되었고, 1934년까지 스베르들로프스크 지역 당위원회의 제1서기, 1925년부터 당 중앙위원회 위원을 지냈다.

51 코시오르С. В. Косиор(S. V. Kosior, 1889~1939): 1907년에 당원이 되었고 1917년 10월에 페트로그라드 군사혁명위원회 위원, 우크라이나 공산당(볼셰비키) 창건자들 중 한 사람이다. 1919~1920년에는 우크라이나 공산당(볼셰비키) 중앙위원회 서기, 1922년부터 러시

아 공산당(볼셰비키) 중앙위원회 시베리아 사무국 서기, 1926년부터 당 중앙위원회 서기, 1928년부터 우크라이나 공산당(볼셰비키) 중앙위원회 서기장, 1938년부터 소련 인민위원회의 부의장 및 소비에트 통제위원회 의장, 1924년부터 당 중앙위원회 위원, 1927년부터 당 중앙 위원회 정치국 후보위원, 1930년부터는 정치국 위원을 지냈다. 1938년 5월에 체포되어 1939년 2월에 사형선고를 받았다.

52 추바르B. Я. Чубарь(V. Ia. Chubar, 1891~1939): 1907년에 당원이 되었다. 1918~1923년에는 최고국민경제회의 간부회 위원, 1920년부터 우크라이나 인민위원회의 부의장, 나중에는 의장을 지냈다. 1934년부터 소련 인민위원회의와 노동 - 국방 협의회 부의장, 1937년부터 재무 인민위원, 1921년부터 당 중앙위원회 위원, 1926년부터 중앙위원회 정치국 후보위원, 1935년부터는 정치국 위원을 지냈다.

53 코사료프A. B. Косарев(A. V. Kosarev, 1903~1939): 1919년에 당원이 되었다. 1926년부터 소련 레닌공산청년동맹 모스크바 위원회 서기, 1927년부터 소련 레닌공산청년동맹 중앙위원회 서기, 1929년부터는 서기장, 1934년부터 당 중앙위원회 위원이자 중앙위원회 조직국 위원을 지냈다.

54 1938년 1월 14일에 열린 전연방 공산당(볼셰비키) 중앙위원회 전체회의는 말렌코프의 보고에 따라 "공산당원을 당에서 제명할 때 당 조직이 저지른 실수와 전연방 공산당(볼셰비키)에서 제명된 자들의 항소에 대한 형식적이고 관료적인 태도, 그리고 이러한 결함들을 제거할 조치들에 관한" 결의문을 채택했다.

55 로도스Б. В. Родос(B. V. Rodos, 1905~1956): 소련의 내무 인민위원부 - 국가보안 인민위원부에서 특히 중요한 사건들을 담당하는 수사대의 부책임자이자 대령이었는데, 사건 조작에 직접 가담했다.

1956년에 소련 최고재판소 군사협의회에 의해 총살형을 선고받았다.

56 1936~1937년에 독일, 이탈리아, 일본이 맺은 군국주의적이며 침략적인 동맹을 가리킨다.

57 말렌코프P. M. Маленко́в(R. M. Malenkov, 1902~1988): 1920년에 당원이 되었다. 1939~1946년과 1948~1953년에는 당 중앙위원회 서기, 1953~1955년에는 소련 국무회의 의장, 1955~1957년에는 소련 국무회의 부의장, 소련 발전소 담당 장관, 1957년부터 우스트-카멘노고르스키 발전소 소장, 1941~1946년에는 당 중앙위원회 정치국 후보위원, 1946~1957년에 정치국(간부회) 위원을 지냈다. 1957년의 반당 활동 때문에 소련 공산당 중앙위원회에서 쫓겨났고 1961년에는 당에서 제명되었다.

58 로코소프스키K. K. Рокоссовский(K. K. Rokossovsky, 1896~1968): 1919년에 당원이 되었고 소련군 원수였다(1944). 2차대전 직전에 불법적으로 탄압을 받았지만, 1941년에 복권되어 2차대전 기간에 여러 전선을 지휘했다. 전후에는 북부 집단군 총사령관, 1949년부터 폴란드 인민공화국 국방 장관 및 국무회의 부의장, 폴란드군 원수였으며 1956년부터 소련 국방부 차관, 그 후 다른 고위 간부직을 지냈다. 1961~1968년에 소련 공산당 중앙위원회 후보위원을 지냈다.

59 고르바토프A. V. Горбатов(A. V. Gorbatov, 1891~1973): 1919년에 당원이 되었다. 1차대전, 내전, 2차대전에 참전했고 2차대전 전에 불법적으로 탄압을 받았지만 전쟁 기간에 여러 지휘관 직을 맡았다. 전후에는 공수부대, 발트 해 연안 군관구의 군부대 등을 지휘했다. 1952~1961년에는 소련 공산당 중앙위원회 후보위원을 지냈다.

60 메레츠코프K. V. Мерецков(K. V. Meretskov, 1897~1968): 1917년에

당원이 되었고, 소련군 원수였다(1944). 1937년부터 총참모본부 부대장이 되었고, 1938년 9월부터 볼가 강 연안 부대들을, 그 후에는 레닌그라드 군관구를 지휘했다. 1940년부터 총참모본부 본부장, 1941년부터 소련 국방 인민위원부 차관을 지냈다. 2차대전 전에 불법적으로 탄압을 받았지만, 2차대전 때 여러 군단과 여러 전선을 지휘했다. 전후에는 여러 군관구 부대들을 지휘했다. 1939~1956년에 당 중앙위원회 후보위원, 1956~1961년에는 당 중앙감독위원회 위원을 지냈다.

61 포들라스K. П. Подлас(K. P. Podlas, 1893~1942): 1918년에 당원이 되었고 중장이었다(1941). 1차대전, 내전에 참전했다. 불법적으로 탄압을 받았지만 2차대전 때 여러 군단을 지휘하다가 전투 중에 사망했다.

62 바그라만И. Ж. Баграмя́н(I. Kh. Bagramian, 1897~1982): 1941년에 당원이 되었고 소련군 원수였다(1955). 2차대전에 남서 전선, 남서 방면 등의 사령부 부사령관, 사령관, 군사령관을 지냈다. 1943년부터 여러 전선을 지휘했다. 전쟁 후에는 발트 해 연안 군관구 부대 사령관, 소련 국방차관, 1961~1982년에 당 중앙위원회 위원을 지냈다.

63 바실레프스키A. M. Василе́вский(A. M. Vasilevsky, 1895~1977): 1938년부터 당원이 되었고 소련군 원수였다(1943). 1차대전과 내전에 참전했다. 1941년 8월부터 참모본부 부본부장 및 본부장, 1942년 10월부터 소련 국방 인민위원부 차관, 1945년 2월부터 벨로루시 제3전선군 사령관, 1945년 6월부터는 극동 소련군 총사령관, 1946년 3월부터 소련 무력부 총참모본부 본부장이자 무력부 제1차관, 1949~1950년에 소련 무력부 장관, 1950~1953년에 육군부 장관, 1953~1956년에 소련 국방부 제1차관, 1952~1961년에

당 중앙위원회 위원을 지냈다.

64 미코얀A. И. Микоян(A. I. Mikoian, 1895~1978): 1915년에 당원이 되었다. 1920~1926년에 니제고로드 주 당위원회, 러시아 공산당 중앙위원회 남동지역 사무국, 북 카프카스 지역 당위원회 등의 서기, 1926~1946년에 대외 및 국내 무역 인민위원, 그리고 다른 여러 인민위원부의 인민위원, 1937년부터 소련 인민위원회의 부의장, 1941~1946년에 소련 인민위원회의 사무국 위원, 1942~1945년에는 국가방위위원회 위원, 1946~1964년에는 소련 국무회의 부의장, 제1부의장, 1964~1965년에는 소련 최고회의 간부회 의장, 1965~1974년에는 소련 최고회의 간부회 위원, 1923~1976년에 당 중앙위원회 위원, 1926년부터 당 중앙위원회 정치국 후보위원, 1935~1966년에는 정치국(간부회) 위원을 지냈다.

65 주코프Г. К. Жуков(G. K. Zhukov, 1896~1974): 1919년에 당원이 되었고 소련군 원수였다(1943). 1차대전 및 내전에 참전했다. 1941년 1월~7월에는 참모총장, 소련 국방 인민위원 대리였고 2차대전이 시작되면서 최고지휘본부 위원, 후에는 예비 전선 및 레닌그라드 전선 사령관, 서부 방면 총사령관, 1942년 8월부터 국방인민위원 제1차관 및 최고총사령관 대리, 1955~1957년에는 소련 국방장관, 1941~1946년 및 1952~1953년에는 당 중앙위원회 후보위원, 1953~1957년에는 중앙위원회 위원, 1956~1957년에는 중앙위원회 간부회 후보위원 및 위원을 지냈다.

66 쿠지마 크류치코프Кузьма Крючков(Kuz'ma Kriuchkov)는 1914년 8월의 백병전에서 혼자 독일 병사 11명을 죽임으로서 명예로운 '성 게오르기야 십자훈장'을 맨 처음 수여 받은 돈 카자크 병사였다. 그 후 그의 행위는 과장되고 미화되어 수많은 목판화, 엽서, 병사 이야기, 심지어 최초의 러시아 선전 영화들 중 하나에 등장했고, 그의 이

름을 붙인 담배와 기선 등이 나오고 그의 초상화가 여러 잡지의 표지에 실리는 등 그 이름이 대중에게 널리 알려지게 되었다.

67 포스크레브셰프A. H. Поскрёбышев(A. N. Poskrebyshev, 1891~1965): 1917년에 당원이 되었고 10월 혁명 이후에 소비에트와 공산당에서 활동했다. 1922년부터 당 중앙위원회 계산 강사, 행정주임 대리, 중앙위원회 서기 보좌관으로 일했다. 1928~1953년에는 중앙위원회 서기국 특수부 주임, 당 중앙위원회 비밀부서 및 특수부 주임, 1952~1954년에는 소련 공산당 간부회 및 간부회 사무국 서기, 1934~1939년에는 당 중앙위원회 후보위원, 1939~1954년에는 당 중앙위원회 위원을 지냈다.

68 카라차이인은 카프카스 북부 지역에 사는 터키계 민족. 1939년에는 약 7만 6,000명 규모였다. 1943년에 중앙아시아 지역으로 강제 이주 당했다.

69 칼믜키야인은 볼가 강 하류 지역에 사는 몽고계의 반(半) 유목 민족. 1939년에는 약 13만 4,000명 규모였다. 1943년에 중앙아시아 지역으로 강제 이주 당했다.

70 잉구슈인은 체첸인들과 밀접한 관계가 있는 카프카스계 민족. 1959년에 10만 2,000명 규모였다. 1943년에 체첸인들과 함께 카자흐스탄으로 강제 이주 당했다.

71 발카르인은 카프카스 지역에 사는 터키계 민족. 1939년에는 4만 3,000명 규모였다. 1943년에 중앙아시아 지역으로 강제 이주 당했다.

72 카바르다인은 카프카스 북부 지역에 사는 카프카스계 민족이다. 1959년에 20만 9,000명 규모였다.

73 이른바 '레닌그라드 사건'이란 1940년대 말~1950년대 초에 발생했던 일련의 조작 사건들을 일컫는 명칭이다. 당시 당, 정부, 경제계

의 뛰어난 인물들이 조국을 배신하고 레닌그라드 당 조직을 중앙위원회와 싸울 근거지로 만들려 했다는 죄목으로 체포되었다. 보즈네센스키H. A. Вознесе́нский(N. A. Voznesensky)를 비롯한 여섯 사람에게는 사형이, 나머지에게는 장기간의 징역형이 선고되었다. 동시에 레닌그라드 당 조직 및 행정 조직의 지도부가 모두 교체되었다.

74 보즈네센스키(1903~1950): 1919년에 당원이 되었고 정치가, 경제학자, 학술원 회원이었다(1943). 1938~1941년과 1942~1949년에 소련 국가계획위원회 의장, 1946~1949년에 소련 국무회의 부의장, 1947~1949년에 정치국 위원을 지냈다. 1949년 10월에 체포되어 1950년 10월에 처형되었다.

75 쿠즈네초프A. A. Кузнецов(A. A. Kuznetsov, 1905~1950): 1925년에 당원이 되었고, 1937~1938년에 레닌그라드 지역 당위원회 제2서기, 1938~1945년에 레닌그라드 지역 및 시 당위원회 제2서기를 지냈다. 2차대전 때 레닌그라드 방어에 주도적 역할을 했고 1945~1946년에 레닌그라드 지역 및 시 당위원회 제1서기, 1946~1949년에 당 중앙위원회 서기를 지냈다. 1949년 8월에 체포되어 1950년 10월에 처형되었다.

76 로디오노프М. И. Родионов(M. I. Rodionov, 1907~1950): 1940~1946년에 고리키 지역 당위원회 제1서기, 1946~1949년에 러시아 연방공화국 국무회의 의장, 1941년부터 당 중앙위원회 후보위원을 지냈다. 1949년 8월에 체포되어 1950년 10월에 처형되었다.

77 포프코프П. С. Попкова(P. S. Popkov, 1903~1950): 1925년에 당원이 되었고, 1939~1946년에 레닌그라드 시 소비에트 의장직을 지냈다. 2차대전 때 레닌그라드 방어에 주도적 역할을 했다. 1946~1949년에 레닌그라드 지역 당위원회와 시 당위원회 제1서기를 지냈다. 1949년 8월에 체포되어 1950년 10월에 처형되었다.

78 아바쿠모프B. С. Абакумов(V. S. Abakumov, 1908~1954): 1930년에 당원이 되었고, 1932년부터 국가 보안 기관들에서 활동했다. 1946~1951년에 소련 국가보안부 장관을 지냈다. 1951년 7월에 체포되었고 1954년 12월에 사형선고를 받았다.

79 이는 그루지야에서 밝혀졌다고 하는, 그루지야 공산당 중앙위원회 서기인 바라미야M. Б. Барамия(M. Baramiia)가 이끄는 밍그렐 민족주의 조직에 관해 전연방 공산당(볼셰비키) 중앙위원회가 1951년 11월 9일과 1952년 3월 27일에 채택한 결의문들을 말한다. 이 결의문들은 '소련 및 그루지야 소비에트 사회주의 공화국의 전임 국가보안부들이 저지른 소련 법률 위반'에 대한 소련 공산당 중앙위원회의 1953년 4월 10일자 결의문으로 폐기되었다.

80 이것은 소련과 유고슬라비아 사이의 협상 결과에 관한 흐루시초프의 보고를 듣고 승인했던 1955년 7월의 소련 공산당 중앙위원회 전체회의를 가리킨다.

81 티토J. B. Tito(1982~1980): 유고슬라비아 정치 지도자. 1940년부터 유고슬라비아 공산당 중앙위원회 총서기, 1952년부터 유고슬라비아 공산주의자 연맹 총서기, 1966년부터 유고슬라비아 공산주의자 연맹 의장을 지냈다. 1945년에는 유고슬라비아 연방 인민공화국(나중에는 유고슬라비아 사회주의 연방공화국)의 국가 및 정부 수반이 되었다.

82 의사-반역자 사건은 특정 의사 그룹을 간첩 및 테러 활동으로 고발한 1952~1953년의 조작 사건을 가리킨다. 소련 공산당 중앙위원회 전체회의는 1953년 4월 3일자 결의문에서 이 사건으로 체포된 37명의 의사 및 그들의 가족들을 복권시켰다.

83 이그나트예프С. Д. Игнатьев(S. D. Ignat'ev, 1904~1983): 1926년에 당원이 되었다. 1951~1953년에 소련 국가보안부 장관, 1953~

1957년에는 소련 공산당 바슈키르 지역위원회 제1서기, 1957~1960년에는 소련 공산당 타타르 지역위원회 제1서기, 1952~1953년에는 소련 공산당 중앙위원회 서기를 지냈다.

84 카민스키Г. Н. Каминский(G. N. Kaminsky, 1895~1938): 1913년에 당원이 되었고 1920년에 아제르바이잔 공산당(볼셰비키) 중앙위원회 서기를 지냈다. 그 후에는 경제 및 소비에트 분야에서 활동했다. 1930년부터 모스크바 당위원회 서기, 1932년에는 모스크바 지역 집행위원회 의장, 1934년부터 소련 보건 인민위원, 1925~1927년 그리고 1934년 이후에는 당 중앙위원회 후보위원을 지냈다.

85 무사바티스트Мусаватист(Musavatist)란 아제르바이잔의 부르주아적 민족주의 정당인 '무사바트'Мусават(Musavat, 평등)의 당원을 말한다. 1911년부터 존재했고 10월 혁명 이후에는 아제르바이잔 부르주아 공화국(1918~1920)을 선포한 주도 세력이 되었다.

86 스네고프А. В. Снегов(A. V. Snegov, 1898~?): 1917년에 당원이 되었다. 1931년부터 전연방 공산당(볼셰비키)의 자카프카지예 지역위원회 사무국 위원, 그 후에는 시베리아, 우크라이나, 쿠이브이셰프, 무르만스크 등의 소비에트와 당에서 활동했다. 1938년에 불법적으로 탄압받았고 1954년에 복권되었다.

87 카르트벨리시빌리Л. И. Картвелишвили(Лаврентьев) (L. I. Kartvelishvili-Lavrent'ev, 1890~1938): 1910년에 당원이 되었다. 1923년부터 그루지야 공산당(볼셰비키) 중앙위원회 서기, 자카프카지예 지역 당위원회 제2서기, 그루지야 인민위원회의 의장, 1929년부터 우크라이나 군관구 정치지도부 부장, 우크라이나 공산당(볼셰비키) 중앙위원회 제2서기를 지냈다. 1931년부터 전연방 공산당(볼셰비키)의 자카프카지예, 서부 시베리아, 극동 지역 등의 지역위원회 및 크리

미야 주위원회 서기, 1930~1934년에는 당 중앙위원회 정치국 후보위원, 1934년부터는 정치국 위원을 지냈다.

88 자카프카지예는 아제르바이잔, 그루지야, 아르메니아 등 세 공화국을 포함한 지역을 가리킨다.

89 세르고Cepro(Sergo) 오르조니키제Г. К. Орджоникидзе(G. K. Ordzhonikidze, 1886~1937): 세르고는 별칭. 1903년에 당원이 되었다. 1920년부터 러시아 공산당(볼셰비키) 중앙위원회 카프카스국 국장, 자카프카지예 지역 당위원회 제1서기, 북 카프카스 지역 당위원회 제1서기, 1926년부터 전연방 공산당(볼셰비키) 중앙 통제위원회 의장, 노동자-농민 감찰 인민위원, 소련 인민위원회의 및 노동-국방 협의회 부의장, 1930년부터 최고국민경제회의 의장, 중공업 인민위원, 1921년부터 당 중앙위원회 위원, 1926~1930년에 당 중앙위원회 정치국 후보위원, 1930년부터는 정치국 위원을 지냈다.

90 [아들] 케드로프И. М. Кедров(I. M. Kedrov, 1908~1940): 전연방 공산당(볼셰비키) 당원이자 보안국 대위이다. [아버지] 케드로프(주 92를 참조하라)의 아들.

91 골루베프В. П. Голубев(V. P. Golubev, 1913~1940): 전연방 공산당(볼셰비키) 후보당원이자 보안국 중위이다. 1939년에 체포되어 1940년 1월 25일에 바투리나Н. В. Батурина(N. V. Baturina)와 함께 총살되었다.

92 [아버지] 케드로프М. С. Кедров(M. S. Kedrov, 1878~1941): 1901년에 당원이 되었다. 1918~1923년에는 전 러시아 체카, 국가보안부, 통합국가보안부에서 근무했고, 그 후에는 최고국민경제회의, 소련 최고법원, 러시아 국가계획위원회 등에서 근무했다. 1937~1941년에 감옥에 있다가 1941년 11월에 처형되었다.

93 안드레예프А. А. Андреев(A. A. Andreev, 1890~1971): 1914년에 당원

이 되었다. 1920년부터 소련 노동조합중앙회 서기, 동시에 1924~1925년에는 러시아 공산당(볼셰비키) 중앙위원회 서기, 1927년부터 전연방 공산당(볼셰비키) 북 카프카스 지역위원회 서기, 1930년에는 전연방 공산당(볼셰비키) 중앙 통제위원회 의장, 소련 노동자-농민 감찰 인민위원, 소련 인민위원회의 부의장, 1931년부터 소련 교통 인민위원, 1935년부터 당 중앙위원회 서기, 1939~1952년에는 당 중앙위원회 산하 당 통제위원회 의장, 1946년부터 소련 국무회의 부의장, 1920~1961년에는 당 중앙위원회 위원, 1926~1930년에는 중앙위원회 정치국 후보위원, 1932~1952년에는 중앙위원회 정치국 위원을 지냈다.

94 스탈린상 1, 2, 3등은 1940~1952년 사이에 수여되었다.

95 모스크바에 소비에트 궁전을 건립한다는 결의문은 1922년 제1차 소련 소비에트 대회에서 채택되었다. 궁전의 건립은 2차대전 직전에 시작되었다.

96 보로실로프K. E. Ворошилов(K. Y. Voroshilov, 1881~1969): 1903년에 당원이 되었다. 1925년부터 육해군 인민위원이자 소련 혁명군사협의회 의장, 1934년부터 소련 국방 인민위원, 1940년부터 소련 인민위원회의 부의장, 2차대전 기간에 국가방위위원회 위원, 1946년부터 소련 국무회의 부의장, 1953~1960년에 소련 최고회의 간부회 의장, 1921~1961년과 1966~1969년에 당 중앙위원회 위원, 1926~1960년에 중앙위원회 정치국(간부회) 위원을 지냈다.

97 불가닌H. A. Булга́нин(N. A. Bulganin, 1895~1975): 1917년에 당원이 되었으며 소련 원수였고(1947~1958) 1958년부터 육군대장이었다. 1922년부터 경제 분야에서 활동했고 1931~1937년에 모스크바 소비에트 의장, 1937년부터 소련 인민위원회의 부의장, 2차대전 기간에 몇몇 전선의 군사협의회 위원, 1944년부터 국가 방위위원

회 위원이자 소련 국방 인민위원부 차관, 1947년부터 소련 국무회의 부의장, 1947~1949년에 소련 무력부 장관, 1953~1955년에 소련 국방장관, 1955~1958년에 소련 국무회의 의장, 1934~1961년에 당 중앙위원회 위원, 1948~1958년에 중앙위원회 정치국(간부회) 위원을 지냈다.

98 출생일을 3/15일로 보는 견해도 있다. 러시아는 1918년 2월 1일까지 유럽 다른 지역에서 널리 사용되던 그레고리력보다 19세기에는 12일이, 그리고 20세기에는 13일이 뒤늦은 율리우스력을 사용하다가, 1918년 2월 1일부터 그레고리력으로 바꾸었다. 앞의 숫자는 율리우스력의 날짜이며 뒤의 숫자는 그레고리력으로 계산한 날짜다.

99 이 도시는 1924년에 스탈리노로, 그리고 1961년에는 도네츠크로 이름이 바뀌었다.

100 1912년 4월 4일 시베리아의 레나 금광에서 진압군 부대가 파업 노동자들에게 총격을 가해 83~270명의 사망자와 250명에 이르는 부상자를 낳은 사건을 말한다. 이 사건은 다양한 정치 세력의 격렬한 비판과 함께, 노동자들의 항의 파업을 불러일으키는 등 1905년 혁명의 진압 이후 침체되었던 대중운동이 다시 고양되는 중요한 계기가 되었다.

101 Iurii Shapoval, "The Ukrainian Years, 1894~1949", W. Taubman·S. Khushchev·A. Gleason (eds.), *Nikita Khrushchev* (New Haven & London: Yale Univ. Press, 2000), 41쪽에서 재인용.

102 С. В. Кулешов и др., *Наше Отечество: опыт политической истории* (Москва, 1991), 452·454쪽.

103 제프리 호스킹, 《소련사》, 김영석 옮김(홍성사, 1988), 337~338쪽.

104 William Taubman, *Khrushchev: The Man and His Era*(New York: W. W. Norton & Co., 2003), 286~287쪽.

105 С. В. Кулешов и др., *Наше Отечество: опыт политической истории*, 453~454쪽.

106 *Доклад Н, С, Жрущева о культе личности Сталина на ЖЖ съезде КПСС: документы*(Москва, 2002), 450·454쪽.

더 읽어야 할 자료들

도이처, 아이작, 《스탈린》(세계의 대회고록전집 제2권), 정홍진·유완식 옮김(한림출판사, 1979)

트로츠키주의자인 저자가 일종의 정치적 평전으로 서술한 스탈린 전기다. 저자는 트로츠키와 마찬가지로, 스탈린의 집권과 테러 정치가 소련의 사회적·경제적 후진성 때문에 가능했다고 보며, 대규모 테러는 스탈린이 적대 세력들의 쿠데타를 막기 위해 자신을 중심으로 당-국가 체제를 강화하려는 목적을 지닌 합리적인 조치였다고 주장한다. 또한 그는 스탈린이 정책을 무자비하게 추진한 점은 있지만, 소련의 근대화를 성공시켰다는 점에서 어느 정도 긍정적인 역사적 역할을 했다고 평가한다.

메드베제프, 로이, 《역사가 판단하게 하라》(전2권), 황성준·안광국 옮김(새물결, 1991)

소련의 반체제 역사가가 레닌주의적 입장에서, 스탈린이 주요 지도자로 등장하는 1917년 혁명부터 그가 사망한 1953년까지의 소련 역사를 스탈린 중심으로 살펴본 저작의 일부를 옮긴 책이다. 저자는 스탈린의 잘못들을 마르크스, 레닌 등과 연결 짓는 것에 반대하며, 스탈린을 '무한한 권력욕과 제한된 능력'을 지녔던 인물로 평가하면서 뛰어난 능력을 지니지 못한 스탈린이 자신의 무한한 권력욕을 충족시키기 위해 치밀하게 계획한 정책으로서 대규모 테러를 실행했다고 파악하고 있다.

볼코고노프, 드미트리, 《스탈린》, 한국전략문제연구소 옮김(세경사, 1993)
옐친 대통령의 군사 담당 보좌관이자 문서보관소 위원장이었던 저자가 1990년에 출간한 스탈린 전기 가운데 일부, 즉 2차대전 직전인 1939년부터 스탈린이 사망한 1953년까지의 일화를 번역한 책이다. 저자는 자신의 특별한 지위 덕분에 접근할 수 있었던 각종 비밀 문서를 이용해 이전에는 알려지지 않았던 사실들, 특히 한국전쟁과 관련된 스탈린의 역할 등에 대해 새로운 사실들을 밝혀주고 있다.

오버리, 리처드, 《스탈린과 히틀러의 전쟁》, 류한수 옮김(지식의풍경, 2003)
1941~1945년의 독일-소련 전쟁에 대한 영국의 저명한 역사가의 저서로서, 우리나라에 널리 퍼진 미국-영국 중심의 2차대전사 인식을 보완할 수 있는 책이다. 균형 잡힌 시각으로 독소 전쟁의 진행 과정을 생생하게 서술하면서 전쟁과 관련된 다양한 측면, 즉 소련의 정치, 경제, 외교, 사회 등 여러 측면을 분석하여 전쟁의 승리 또는 패배의 원인을 분석하려 시도했다. 옮긴이의 꼼꼼한 번역이 눈에 띈다.

콩퀘스트, 로버트, 《혁명과 권력: 소련혁명의 비사》(전2권), 최숭 옮김(슬라브연구소, 1987·1988)
미국의 우익 역사가 로버트 콩퀘스트Robert Conquest가 1934~1939년에 스탈린 치하의 소련에서 발생한 대규모 테러에 대해 주로 비공식 자료들에 입각하여 서술한 연구서의 일부분을 옮긴 책이다. 저자는 대규모 테러가 볼셰비즘의 필연적이고 논리적인 결과이며, 병적인 권력욕과 잘못된 이데올로기에 사로잡힌 스탈린이 자신의 권력을 강화하기 위해 그것을 의도적으로 계획하고 지휘했다는 입장에서 1930년 소련의 대규모 테러의 구체적인 역사를 살펴보고 있다.

톰슨, 존 M., 《20세기 러시아 현대사》, 김남섭 옮김(사회평론, 2004)

1989~1991년 소련의 해체를 목격한 후 새로운 관점에서 러시아 제정 말기와 소련 시대의 역사를 다시 해석하려는 책이다. 저자는 평등하고 살기 좋은 사회를 건설하려는 러시아 혁명가들의 이상이 현실 속에서 어떻게 전개돼왔는가를 중심으로 각 시대를 구분하여 서술하고 있다. 또한 페레스트로이카 시대 이후에 새로 공개된 문서들과 최근의 학문적 성과를 반영하고자 노력하고 있으며, 특히 각 장 말미에 있는 연구사 노트는 중요 주제를 둘러싼 견해 차이와 연구 동향을 요약, 정리하고 있다.

흐루시초프, 니키타, 《흐루시초프》(세계의 대회고록전집 제24권), 정홍진 옮김(한림출판사, 1979)

흐루시초프는 실각 후 가택 연금 상태에서, 당시 집권 세력이 자신을 역사의 망각 속으로 몰아가는 상황에 맞서 자신의 과거 정책을 옹호하고 그에 대한 역사적 평가의 근거가 될 수 있는 회고적 성격의 녹음테이프를 남겼다. 이 책은 서방으로 유출된 일부 녹음테이프에 근거해 1970년에 미국에서 출간된 영어판 회고록을 옮긴 것이다. 이 책은 2부로 구성되어 있는데, 1부 〈탄광에서 크레믈린으로〉에서는 주로 스탈린 시대의 경험을 회고하면서 스탈린주의 청산의 필요성을 부각시키고, 2부 〈외부세계〉에서는 외교적 경험을 주로 다루면서 '자본주의와 공산주의의 평화공존' 노선의 정당성을 옹호하고 있다.

흐루시초프, 니키타, 《흐루시초프: 봉인되어 있던 증언》, 제럴드 섹터·비아체슬라프 루츠코프 엮음, 김국원 옮김(시공사, 1991)

소련의 페레스트로이카가 진행되는 와중에서 방대한 분량의 흐루시초프 녹음테이프가 공개되었는데, 이 녹음테이프에는 이전의 녹음테이프에서는 삭제되었던 내용, 즉 군사적 기밀, 소련의 권력층 인사들이나 민감한 외교적 쟁점과 관련된 내용을 담고 있었다. 이 책은 새로운 녹음테이프의 내용 중에서 이전에 출간된 두 권의 회고록과 중복되지 않은 것들을 중심으로 편집하여 1990년에 미국에서 출간한 영어판을 옮긴 것이다.

흐루시초프, 니키타, 〈흐루시초프 회고록: 후편〉, 《월간중앙》(1974년 9월), 별책부록
흐루시초프의 첫 번째 회고록이 출간되고 그가 사망한 이후 흐루시초프의 가족과 측근들은 방대한 양의 새로운 녹음테이프를 넘겨주었다. 이 책은 그 녹음테이프에 근거해 1974년에 미국에서 영어로 출간된 《흐루시초프 회고록: 최후의 증언 *Khrushchev Remembers: The Last Testament*》을 옮긴 것이다. 주로 외교와 관련된 회고들이 기록되어 있다.

흐루시초프, 세르게이, 《크레믈린의 음모: 흐루시초프의 영욕》, 임인재·원종화 옮김 (시공사, 1991)
이전까지 그다지 알려지지 않았던 니키타 흐루시초프의 말년 생활에 대해 아들인 세르게이 흐루시초프가 서술한 책이다. 아들인 세르게이 흐루시초프는 페레스트로이카 시대에 흐루시초프와 그 시대에 대한 재평가 움직임에 호응하여, 측근들의 음모에 의한 흐루시초프의 실각 과정, 회고록 집필을 둘러싼 관계 당국과의 갈등, 사망과 기념비 건립 등을 중심으로 아버지인 니키타 흐루시초프의 말년에 대해 상세하게 회고하고 있다. 이 책은 자신의 여러 정책, 특히 스탈린 비판에 대한 니키타 흐루시초프의 자부심을 엿볼 수 있게 해준다.

옮긴이에 대하여

박상철 sachpak@chonnam.ac.kr

1961년에 광주에서 태어나 고등학교를 졸업했다. 1981년에 서울대학교 인문대학에 입학한 후 이듬해부터 서양사학을 전공하게 되었고, 1988년에 서양사학과 대학원 석사 과정에 입학해 러시아 혁명사에 많은 관심을 가졌다. 그 결과가 〈1917년 뻬뜨로그라드 노동자 및 병사 대표 소비예뜨의 형성〉이라는 석사 학위논문이다.

1993년에 박사 과정에 입학하여 러시아 혁명의 원인을 모색하는 과정에서 러시아 제정 말기의 뛰어난 개혁가인 스톨리핀의 사상과 정책에 관해 박사 학위논문을 구상했다. 이후 러시아 페테르부르크에서 논문 자료를 수집하면서 연구를 심화했다. 2001년에 〈스톨리핀 개혁 정책의 성격: 정치 체제의 개편과 관련해(1906~1911)〉를 박사 학위논문으로 제출하고, 이것을 수정해 《스톨리핀과 그의 시대(1906~1911): 체제 변혁기의 보수적 개혁》이라는 책을 출간했다.

2002년 8월부터 2년간 한국학술진흥재단의 기 학문육성사업의 지원을 받는 프로젝트 '역사와 기억: 과거 청산과 문화 정체성 문제에 대한 국가별 사례 연구'의 러시아 팀에 참여하여 스탈린주의 청산 문제를 연구했고, 그 결과 〈흐루시초프의 '비밀 연설': 동기와 배경을 중심으로〉, 〈페레스트로이카와 스탈린 문제: '메모리알'의 형성 과정을 중심으로〉 등의 논문을 발표했다. 2005년 2월부터 전남대학교 인문대학 사학과에 재직하고 있다.

개인숭배와 그 결과들에 대하여

초판 1쇄 발행 2006년 7월 20일
개정 1판 1쇄 발행 2024년 8월 12일

지은이 니키타 세르게예비치 흐루시초프
옮긴이 박상철

펴낸이 김준성
펴낸곳 책세상
등록 1975년 5월 21일 제2017-000226호
주소 서울시 마포구 동교로23길 27, 3층 (03992)
전화 02-704-1251
팩스 02-719-1258
이메일 editor@chaeksesang.com
광고·제휴 문의 creator@chaeksesang.com
홈페이지 chaeksesang.com
페이스북 /chaeksesang   **트위터** @chaeksesang
인스타그램 @chaeksesang   **네이버포스트** bkworldpub

ISBN 979-11-7131-132-3 04080
　　　979-11-5931-221-2 (세트)

* 잘못되거나 파손된 책은 구입하신 서점에서 교환해드립니다.
* 책값은 뒤표지에 있습니다.